中国教育三十人论坛丛书
Books of China Education 30 Forum

用教育阻断贫困代际传递

朱永新　汤　敏　马国川 ｜ 主编

YONG JIAOYU ZUDUAN PINKUN DAIJI CHUANDI

山西出版传媒集团　山西教育出版社

图书在版编目（CIP）数据

用教育阻断贫困代际传递 / 朱永新，汤敏，马国川
编. — 太原：山西教育出版社，2019.12
（中国教育三十人论坛丛书 / 朱永新主编）
ISBN 978 - 7 - 5703 - 0814 - 9

Ⅰ. ①用… Ⅱ. ①朱… ②汤… ③马… Ⅲ. ①教育事
业—发展—西北地区—文集 ②教育事业—发展—西南地区
—文集 Ⅳ. ①G527 - 53

中国版本图书馆 CIP 数据核字（2019）第 259997 号

用教育阻断贫困代际传递
YONG JIAOYU ZUDUAN PINKUN DAIJI CHUANDI

出 版 人	雷俊林
出版统筹	潘 峰
特约统稿	赵学勤
责任编辑	樊丽娜
复 审	李梦燕
终 审	刘晓露
装帧设计	王耀斌
印装监制	蔡 洁

出版发行 山西出版传媒集团·山西教育出版社
（太原市水西门街馒头巷 7 号 电话：0351 - 4729801 邮编：030002）

印 装	山西三联印刷厂
开 本	720mm×1020mm 1/16
印 张	14
字 数	187 千字
版 次	2019 年 12 月第 1 版 2019 年 12 月山西第 1 次印刷
书 号	ISBN 978 - 7 - 5703 - 0814 - 9
定 价	48.00 元

如发现印、装质量问题，影响阅读，请与出版社联系调换。电话：0351 - 4729718。

前　言

　　2019 年 8 月 11 日，首届中国西部教育发展论坛在羲皇故里甘肃天水举行。本届论坛，由中国教育三十人论坛、天水市人民政府主办，北京情系远山公益基金会和慕华成志教育科技有限公司协办，论坛主题为"用教育阻断贫困代际传递"。

　　目前是中国全面消灭贫困、全面建成小康社会的关键时期，西部地区任重道远。以项目、资金等为主要手段的扶贫可以帮助人们脱贫，也一定能够完成国家确定的消灭贫困的目标。从长远看，要巩固脱贫成果，就需要教育的持续发力，以防止脱贫再返贫的现象发生。教育是阻断贫困代际传递最重要的途径。在全面消灭贫困之后，如何发挥教育的作用，阻止贫困代际传递，就成为一个非常重要的现实问题。

　　正是基于这样的考虑，我们将本届论坛主题确定为"用教育阻断贫困代际传递"。今年 6 月，论坛举办的消息向社会公布后，报名参加的人数迅速爆满，我们不得不提前关闭报名平台。在论坛举办前一个多月，秘书处每天还不断接到来自全国各地的电话，要求参加西部教育论坛。

　　8 月 11 日上午，甘肃省政协副主席、中共天水市委书记王锐，首届中国西部教育发展论坛主席、国务院参事汤敏，分别代表主办方致辞。全国政协副主席、九三学社中央常务副主席邵鸿，全国政协副秘书长、民进中央副主席朱永新，甘肃省政协副主席、甘肃省工商联主席郝远，西北师范大学校长刘仲奎，香港大学原副校长程介明发表了主旨演讲。

　　8 月 11 日下午，关心和支持西部教育发展的政府领导、教育学者、一线校长和教师、教育企业代表，围绕"西部基础教育发展经验与反思""西部职业教育改革与发展前景""西部学前教育发展问题及解决方案""新教改下西部乡村教师培训的挑战与应对"等话题，展开了切实的讨论，现场气氛热烈。同时发布了受中国教育三十人论坛委托，21世纪教育研究院组织专家编写的《走向公平而有质量的教育——西部农村基础教育发展报告（2019）》，和中国发展研究基金会撰写的《西部学前教育发展问题及解决方案》。

据统计，800多名参会者来自全国20多个省、市、自治区，现场座无虚席。通过搜狐和北京超星公司观看全程直播的观众，累计超过一百万人次。

本届论坛盛况，得到了国内多家媒体争相报道，在社会上产生了积极而广泛的影响。秘书处整理的本届论坛报告，已递交国家教育主管领导同志阅示，作为公共政策制定的重要参考。

本书为首届中国西部教育发展论坛嘉宾演讲实录，我们希望有更多关心中国教育的同行人能够分享到本届论坛的思想盛宴，勠力同心，携手前行。

山西教育出版社作为中国教育三十人论坛的长期战略合作单位，一直在精心编辑"中国教育三十人论坛系列丛书"。本届论坛相关资料的编辑、印制、运输，得到了山西教育出版社副总编辑潘峰老师及各位老师的大力帮助，在此表示感谢。

作为国内著名的高端教育智库，中国教育三十人论坛将继续汇聚富有教育情怀、追求教育梦想的优秀专家学者，聚焦中国教育发展的重点、热点、难点问题，架设起学术研究与公共政策之间的桥梁，推动中国教育改革和发展。

中国教育三十人论坛学术委员会

2019年9月11日

目录

致辞

主旨演讲

分论坛一：西部基础教育发展经验与反思

分论坛二：西部职业教育改革与发展前景

分论坛三：西部学前教育发展问题及解决方案

分论坛四：新教改下西部乡村教师培训的挑战与应对

附录

崇文重教，谋划西部教育远景

甘肃省政协副主席、中共天水市委书记　王锐

尊敬的各位领导，各位专家学者，同志们，朋友们：

大家早上好！

八月的天水晴空万里，风光秀美。在这美好时节，我们相约天水，共同出席首届中国西部教育发展论坛。这是西部教育界的一件盛事，在这里我代表中共天水市委、天水市人民政府向首届中国西部教育发展论坛的举办表示诚挚的祝贺，向出席论坛的各位领导、专家学者和社会各界人士表示热烈的欢迎。

天水位于甘肃省东南部，地处西秦岭的北麓，横跨长江、黄河两大流域，现辖两区五县，总面积1.43万平方公里，总人口380万，是丝绸之路经济带重要的节点城市。这里历史悠久、文化灿烂，有8000多年的文明史、3000多年的文字记载史和2000多年的建城史，是中华人文始祖伏羲的诞生地，是国家历史文化名城。这里旅游资源富集，是中国优秀旅游城市，西北最佳宜居城市，处在兰州、西安两大城市的中间，区位优势明显；也是古代丝绸之路的重镇，西北咽喉要道和陇东南的交通枢纽。这里制造业基础雄厚，是中国西部最具发展潜力和活力的城市之一。这里教育体系较为完备，有各级、各类学校1886所，教职工4.75万人，在校学生63.76万人，是中国科教兴市先进城市。

天水是教育大市，自古就有崇文重教的传统。近年来我们坚持以习近平新时代中国特色社会主义思想为指导，全面贯彻党的方针政策，认真落实教育优先发展战略，紧紧围绕立德树人根本任务，夯实基础，提高质

量，已基本解决了"上学难、上学贵"的问题，进入了"上好学、学得好"的新阶段。

然而受历史环境和经济发展等因素的影响，天水市教育依然存在基础相对薄弱、教育质量不高、发展不均衡等问题，与发达地区相比还有很大的差距。中国教育三十人论坛作为著名的教育智库长期聚焦西部教育发展的热点、难点，主动服务"一带一路"建设，其规格层次之高、专家阵容之大、学术理念之新，在国内教育界影响广泛，备受关注。

这次由中国教育三十人论坛和天水市联合主办的首届中国西部教育发展论坛以"教育阻断贫困代际传递"为主题，以开放、创新、跨界的特点，特邀国内专家把脉西部教育发展，谋划西部教育远景。这既是落实习近平总书记全国教育大会精神的具体行动，也是推动西部教育改革发展的务实举措，必将为西部教育改革发展注入动力和活力，对西部地区打赢脱贫攻坚、全面建成小康社会产生积极的推动作用。

天水地处西部欠发达地区，推进教育现代化，建设教育强市，任重道远。这次论坛的举办为我们搭建了一个学习交流、拓展思维、共商天水教育发展的平台，将对进一步开拓改革发展思路、增强脱贫攻坚动力、办好人民满意的教育产生重要的影响。

真诚地希望莅临论坛的各位专家学者为天水教育发展问诊把脉，提供更多理论指导和智力支持。作为本届论坛的主办方，我们将珍惜这次难得的机会，认真吸收各位专家的良策高招，努力办好人民满意的教育，不断增强人民群众的获得感和幸福感。

"木欣欣以向荣，泉涓涓而始流"。我相信有了各位的支持，本届论坛将成为共谋教育发展大计、加强教育合作的盛会，为全面开启天水教育发展的新篇章提供有力的支撑。

最后，祝首届中国西部教育发展论坛圆满成功，祝各位专家学者、各位来宾身体健康。

谢谢大家。

通过教育让西部的孩子们获得美好未来

首届中国西部教育发展论坛主席、国务院参事　汤敏

尊敬的邵鸿主席、朱永新主席、尚勋武主席、郝远主席、王锐书记、王军市长，各位领导、老师们：

你们好！感谢你们风尘仆仆地从全国各地赶到天水来参加首届中国西部教育发展论坛。

成立于五年前的中国教育三十人论坛，是一个享有盛誉的新型教育智库，也是一个非营利的跨界讨论教育问题的平台。论坛成立以来，我们已经成功举办了30多场论坛，组织课题研究、主办"教育跨界对话"、出版书籍，这些活动产生了广泛而积极的社会影响。我们每次年会的报告都得到了国务院有关领导的批示，对教育改革产生了积极影响。

我们这次的西部教育论坛，是中国教育三十人论坛首次专门就西部教育问题举行的论坛。论坛的目的是聚焦西部教育发展中的热点、焦点和难点问题，吸引更多的教育家、企业家为西部的高等教育、职业教育、基础教育和学前教育发展提供思想、人员、资金等各种支持，推动西部地区教育发展，为西部地区消除贫困、建设小康社会贡献力量。

昨天我总结了一下，我们这次的西部教育论坛有几大特点。

一是规模大，代表性强。我们粗略算了一下，参加今天论坛的800多名参会者来自20多个省、市、自治区。秘书处的同志告诉我，这次论坛消息在中国教育三十人论坛网上挂出后，出乎大家的意料，很快报名人数就满了，我们不得不提前结束报名。可是这一个多月来，秘书处每天还不断接到来自全国各地的电话，要求参加西部教育论坛。

论坛的第二个特点是讨论的范围广。论坛将要讨论的问题都是西部教育部门领导、老师们、西部老百姓最关心的教育话题。可以说，从幼儿园到小学、初中、高中、大学，从中等职业教育到高等职业教育，从农村教育到城市教育，我们都要讨论到。有人开玩笑，如果再加上终身教育的话，这次论坛就真的把"从摇篮到坟墓"所涉及的教育问题都包括进来了。

　　论坛的第三个特点是跨界性强。这次论坛是一次大跨界的论坛。参会者有时刻关心教育的党和国家领导人、省市领导人，也有奋斗在教育第一线的乡村教师；有教育政策的制定者，也有贯彻执行这些政策的基层负责人，有在教育战线上奋斗了一辈子的教育家，也有刚刚涉猎教育的公益人。这次论坛我们还邀请到近20位活跃在教育领域的企业家、互联网教育公司的老总。

　　能集这三大特点于一身的，如此规模、如此宽泛、如此跨界的专门为西部教育组织的大会，我不敢说这是唯一的，但起码是屈指可数的。

　　为什么大家对西部教育如此关心呢？我想就是因为这次论坛聚焦了一个全社会都非常关心的问题，这就是2014年习近平总书记提出的"阻断贫困的代际传递"。贫困家庭的子女往往还贫困，古今中外，概莫能外。这是因为贫困家庭的下一代得不到好的教育，长大后他们还是在社会的底层。这种情况在教育资源比较薄弱的西部更容易出现。

　　经过了70年的努力，我国的教育发生了翻天覆地的变化。2020年完成精准扶贫的战略任务后，贫困家庭子女"有学上"的问题，应该说在中华民族5000年的文明史中，第一次彻底地实现了。教育的任务历史性地转到了"上好学"上。最近中共中央、国务院《关于深化教育教学改革全面提高义务教育质量的意见》指出，我国未来教育改革的方向就是要全面提高教育质量。

　　可是，"上好学"是一个比"有学上"难得多得多的任务。事实上，不但是在我国西部农村，就是在我国东部教育资源最集中的大城市，就是在发达国家，"上好学"的问题也没能得到解决。为什么美国也有学区房？就是因为那个社区有一个好的学校，教学的质量高，连周边的房价都高起来了。

"上好学"就是要教育公平，不但是学校的建筑、设备这些硬件要公平分布，更重要的是教育软件要公平，教学的质量要公平，但这如何才能做得到？中共中央与国务院"全面提高义务教育质量的意见"中提到的"好"，就是要坚持"五育"并举，争当"四有"好老师。这些又如何在西部贯彻执行？

"上好学"的"好"字也大有文章可做。什么叫"好"，考试考高分就是"好"吗？人类正进入一个前所未有的科技高速发展的新阶段，我们现在所学的知识技能可能不久就会被淘汰。在这世界级的竞争中，在未来的贸易战、科技战、人才战中，如何使我国的科技创新走到世界前列，如何通过好的教育让西部的下一代能够在激烈的竞争中脱颖而出，这些都是摆在西部教育面前的巨大挑战。

在昨天晚上的"教育夜话"中，杨东平教授讲了他最近访问哥伦比亚看到的一个事实。他说，哥伦比亚农村学校的硬件条件比我们西部的学校还差。然而，在那里创造的"新学校模式"，让哥伦比亚农村学校的教学质量甚至超过了城市的学校。哥伦比亚的农村学校可以逆袭，中国行吗？中国的西部学校行吗？

用传统的模式，西部的教育要想追上东部教育，农村教育追上城市教育，是不可能的！但是今天有了互联网，有了新的科技，有了对"好"教育标准的重新评价，逆袭变得有可能了。如果哥伦比亚能行，为什么我们不行呢？

各位领导、老师们，我们今天举行的西部教育论坛，就是想打开新思路，建立新理念，寻找新道路。今天上午的几位教育专家将对西部教育的发展发表他们的真知灼见，下午论坛将围绕"西部职业教育改革与发展前景""西部基础教育发展经验与反思""西部学前教育发展问题及解决方案"和"新教改下西部乡村教师培训的挑战与应对"等话题，坚持问题导向，围绕"用教育阻断贫困代际传递"的主题展开切实的讨论。同时，中国教育三十人论坛委托21世纪教育研究院为本次论坛做的《西部农村基础教育发展报告》，由中国发展研究基金会做的《西部学前教育发展问题及解决方案》，这两个专题研究报告将会在下午的论坛中发布。

最后，我代表中国教育三十人论坛感谢天水市委、市政府对本次论坛的大力支持与赞助，感谢天水市教育局为办好这次会议所做的一切努力，感谢北京情系远山公益基金会和慕华成志教育科技有限公司对论坛的赞助，感谢北京超星公司对论坛进行全程直播，感谢新闻媒体朋友们的大力支持，感谢为本届论坛能够顺利进行而忙碌的各位工作人员和志愿者，更感谢牺牲了自己的暑假休息时间，远道而来的各位与会的老师和观看远程直播的老师们。

主旨演讲

邵　鸿

全国政协副主席

九三学社中央常务副主席

中国教育三十人论坛成员

进一步推动西部教育发展的建议

2018 年以来，我和部分同事、专家先后赴新疆、甘肃、宁夏、青海、四川、贵州、云南、内蒙古等省区，就西部教育发展问题进行调研。我们深刻感受到中共十八大以来，党和国家高度重视、正确决策，各省市区政府积极努力、扎实工作，西部教育出现了"四个前所未有"，即支持政策之多前所未有，投入力度之大前所未有，办学和师资条件改善之显著前所未有，教育事业发展之快前所未有的大好局面。总体看，西部人民群众教育获得感显著增强，"有学上"问题已得到较好解决。教育为西部经济社会发展提供了人才保证和智力支持，也为民族团结和社会稳定发挥了难以替代的重要作用。西部教育前景美好，大有希望。

同时我们也看到，受诸多历史和现实因素制约，西部地区特别是"三区三州"教育发展不平衡不充分问题仍然十分突出，还有不少短板需要尽快补齐，还有一些突出问题需要久久为功，研究解决。特别是面对新时代教育改革发展的新要求和人民群众日益增长的对高质量教育的新期盼，西部教育面临着从"有学上"到"上好学"转型升级和实现教育现代化的新挑战，需要进一步精准决策、精准聚焦、精准发力。

一、精准决策，加强教育发展的统筹谋划

在国家政策、资金大量投入，力图尽快解决西部教育发展短板问题的背景下，缺少系统性、前瞻性和科学性的教育发展布局和总体谋划，影响

发展、造成浪费甚至新的失衡，是西部地区非常值得关切的问题。这主要体现在：一是集中办学"一刀切"。很多地方按照一种模式推行集中办学，大量停办基层学校和教学点，农牧民子女难以就近上学并增加了家庭支出，同时加重了城市"大班额"问题。有的地方乡镇也未设小学，甚至发生了因实行高中集中于州府，学生不得不到高海拔州府就读，群众怨言很大又不得不恢复县办高中的事情。二是配置资源欠统筹。有些地方忽略本地条件和人口、需求变化趋势和既有教育资源，未经科学测算增设学校或提升办学层次，学校教师、生源不足，办学效益差，又制约了所在省区、地市优质院校作用发挥和建设发展。有的地方学校规划建设滞后，扶贫异地搬迁学生转移就学困难。三是不同类型教育发展不协调。专业师范教育有弱化趋势，区域教师队伍建设支撑不力。有些地方急于推进职业教育，缺乏统筹考虑，强压普职比，导致职校布局、结构不合理，水平低下，社会对高中教育的强烈需求得不到满足，有的引起较大负面效应。民办教育欠发展，多元化教育供给不足。四是长远发展少前瞻。虽然各省区都有教育发展规划和一些专项规划，但存在缺少深入研究和正确预判、不够系统和科学的现象。上面所列问题，实际上多与此相关。又如为解决师资紧缺问题，不少地方大量引进专业素质相对较低的特岗教师，忽略师范教育及定向师范生培养，虽可济急，但也对未来师资队伍优化带来了不利影响。

因此我们认为，着眼长远，统筹谋划，科学推进，努力建构相互衔接、适应需求、协调有效的教育体系和政策措施，是当前推动西部教育发展的关键。为此建议：

国家教育行政主管部门将推动、指导西部省区做好区域教育发展和现代化规划作为一项重要工作抓实抓好。西部各省区应根据国家《中国教育现代化2035》《加快推进教育现代化实施方案（2018—2022年）》等重要文件的总体部署，结合本省区实际推进教育现代化实施方案和"十四五"规划的制定，做好本省区教育发展规划。规划既要坚持问题导向，聚焦薄弱环节、着力补齐短板，更要统筹全局，衔接国家重大战略和区域经济社会发展相关规划，综合考虑人口、产业、城镇化和社会发展变迁趋势，各级各类教育现实条件和需求状况，本异地办学和联合培养、对口帮扶等教育资源的充分利用，公民办教育均衡发展等多方面因素，精准谋划教育布局、资源配置和实施举措。同时，省区也要切实推动和指导市州做好地方教育发展规划。以此为区域教育快速健康发展，建设适应地方经济社会发展需求的现代教育体系奠定坚实基础。

几点相关建议：

一是进一步加大投入。西部教育发展仍然迫切需要扩大教育资源供给。由于西部经济基础差、深度贫困面广、财政自给能力弱，财政支出主要依靠上级特别是中央财政转移支付。以县级财政教育支出自给率为例，四川最高不过18%，青海最低仅有4%。因此，国家必须继续加大支持西部教育发展的力度。投入西部的教育资金，应坚持"保基本、补短板、促公平、提质量"，进一步向困难地区和薄弱环节倾斜，一方面要继续加强硬件建设，特别是义务教育学校标准化建设，全面改善薄弱学校基本办学条件，同时要加大对扶贫异地搬迁地学校、寄宿制学校、教师周转房、学校信息化等建设的支持；另一方面，投入重点要从硬件向软件转变，逐步增加用于教师队伍建设的比重。对特殊困难区域，还应进一步减少地方对中央专项教育投入配套。

二是着力解决好学校布局集中与分散的矛盾。各地广泛推进集中办学，实际上是教育资源供给不足和城镇化加速背景下的必然之举，有其必然性和合理性，但关键要把握好度。要进一步明确要求集中办学集中层级不能过高，也不能"一刀切"，允许因地因校制宜，留有过渡余地，同时加强小规模学校和教学点建设。随着教育资源的增加，在有需求的基层乡村还应适当增设学校或教学点。我们特别建议国家总结推广甘肃省乡镇教师走教经验，这一模式既可有效缓解分散办学和教师不足的矛盾，又有利于稳定教师队伍和应对乡村人口、学生逐渐减少问题,具有较普遍的推广价值。

三是科学推进职业教育发展。当前国家高度重视职业教育,做好统筹谋划、科学推进更为关键。关于职业教育学校布局,当前尤应注意避免简单铺摊子,加强资源整合集中,办好优质中高职,减少低水平办学。拓展职教空间,用好内职班、联合培养和对口支援等机制。推广四川"9+3"免费职业教育经验,吸收民族地区更多初中毕业生到大中城市接受中职教育。鼓励支持优秀职业教育机构异地办学,包括设立分校、托管办学、联合办学和建立职教飞地等。合理确定职普比,不宜不切实际地提高职教比例,更不能用简单限制高中入学率来达此目的。因势利导发展高职和应用型本科学校,适当增加本科职业教育院校,支持符合条件的技师学院纳入高等学校系列。

二、精准聚焦,加强教师队伍建设

教师是立教之本、兴教之源。尽管近年来师资队伍建设力度显著增强,但师资仍是制约西部民族地区教育质量提升和发展的主要瓶颈,要实现教师"招得来、下得去、留得住、教得好",还需要付出很大努力。一是教师结构性缺员问题突出。据测算,"三区三州"135个深度贫困县专职教师缺口达6.69万名,其中幼儿园缺口最大,为5.67万名。从学科看,音体美、科学、心理辅导教师缺口较大;藏区、新疆双语教师特别是双语理科教师紧缺,新疆中小学、幼儿园不能胜任国语教学的教师7.86万名,占全区专任教师的24.23%,南疆四地州情况尤为突出。基层教师"招不来""留不住"问题仍很严重。青海某县以年薪15万元从浙江招聘30名中学教师,不到3个月全部返回原籍。有的地州投放的特岗教师计划数年无人报名,某县中学8年间流失教师170多人,学校现有教师也是170多人,相当于轮换了一遍。二是教师专业素质亟须提升。教师学历和专业能力整体偏低，"教不好"的问题突出。一些地方临聘、实习、支教、特岗教师比例过高。有的地区非正式教师占比近40%，有的50%左右教师为非师范类学校毕业生，有的县累计招收特岗教师达1.3万名。专业素质较好的公费定向师范生培养规模太小，有的省区近三年每年新增教师均超过8000人，其中公费师范生平均仅400余人；有的地区近三年补充的2.6万名教师中，公费师范生仅占5.4%，能到基层学校的更少。有的省则至今尚未开展公费师范生培养。三是教师待遇仍需进一步提高。西部各地教师平均工资一般已不低于当地公务员水平，但仍不足以充分保障教师队伍的稳定和素质提升。全国教龄津贴标准30多年未调整，每月3—10元起不到激励作用。教师周转房普遍短缺，如和田地区新聘教师周转房缺口就达1.3万套，各地反映较为强烈。高原地区十分艰苦，教师特惠保障政策需要进一步完善。四是幼师编制问题亟待破解。2010年以来，西部地区学前教育迅猛发展，成绩非常显著。但受国家政策约束，公办幼师无编制来源，四川凉山、阿坝、甘孜三州合计缺编1.8万多个。合格教师为编制所困无法进入，公办园只能占用义务教育编制，同时大量聘用临聘人员，后者工资通常仅有1000—1500元，这不仅使乡镇幼儿园"两教一保"难有长期保证，而且产生了新代课人员问题。幼师编制已成为制约学前教育可持续发展最主要的因素。五是师资培训还应加强。有专家对154所西部农村小学跟踪研究发现，目前的教师培训基本没有提高学生的学业表现。"国培""省培"计划培训覆盖面有限，培训针对性不强，外地教学经验在西部难以复制，效果不够理想。不少县市缺少教师发展中心，或者教师培训机构力量薄弱，难以有效开展和指导教师培训。

加强西部地区师资队伍建设，应努力建设一套完善有效的师资供给、使用和培养体系。我们建议：

一是大力推进师范院校建设和招生改革，优化师资来源。重视和加大对西部师范教育的支持力度，重点支持若干所西部师范大学建设，适当增设或改建师范院校和专业，改善办学条件，提高教学质量。推广湖南等省的经验，较大幅度扩大部属和省属师范院校公费师范生定向招生规模。在市州一级实行免费师范教育，吸引优质生源报考师范院校和师范专业，扩大乡村教师来源。恢复提前批次录取，完善定向培养等制度，避免师范院校招生标准降格以求。逐渐减少特岗教师招聘数量，规范非师范生从教，严格准入门槛和入职前培训。

二是着力解决深度贫困地区幼师编制难题，建立教师编制动态调整机制。国家应尽快出台学前教育编制标准，并采取超常举措确保西部地区能够按标准配齐配足幼师。同时也要出台政策，对乡村小规模学校和教学点按照班师比核定编制。省区应加大跨部门、跨区域、跨行业的编制调配力度，统筹使用空余事业编制，落实"县管校聘"等举措。以县为单位增加教师机动编制，用于补充紧缺学科教师。给予教育主管部门和学校更大的用编自主权，使各地能因地制宜配置教师，解决编制难题。

三是进一步提高教师待遇，加强关心关爱。落实国家要求，确立公办中小学教师作为国家公职人员的特殊法律地位。完善教师待遇保障制度，健全中小学教师工资长效联动机制，提高教龄津贴到每年200—500元。统筹调控地区工资关系，调整提高"三区三州"待遇相对较低地区的补贴标准。国家"十二五"期间，在边远艰苦地区实施农村学校教师周转宿舍建设项目效果很好，建议"十四五"期间恢复周转房建设，同时把乡一级中小学和幼儿园教师住房纳入保障性住房范围，由县市区政府统一解决，让乡村教师住有所居。在高寒地区还应实施增加取暖费、为教师宿舍加装供氧设备、允许合规提前退休等政策，鼓励教师长期从教。增加转移支付，保障"三区三州"学前教育临聘人员实现同工同酬。

四是进一步增强教师培训实效。强化中小学校长培训培养，为西部地区注入先进教育管理理念。完善"国培""省培"计划，培训方式由"走出去"的短期集中培训转变为以"请进来"的中长期实地指导为主，提高培训的指导性和针对性。全面推动校际交流与合作，建立城镇名师与乡村教师结对帮扶长效机制，开展"浸入式"的教学示范，推动教学指导对口帮扶由点到面逐步深入。加强信息化建设和运用，提升线上培训效能。加强培训效果评估，对"国培"计划进行独立的第三方评估，以便有针对性地改进培训计划和培训模式。健全地方教师职业发展支持体系，建设并发挥好市县教研室、教师发展中心作用。

三、精准育人，提高学生综合素质

要实现"上好学"的转型升级或更高水平、更有质量的教育普及，从学生方面看，以下问题是当前西部教育必须更加重视和予以解决的。一是寄宿制学校生活条件需要进一步改善。在集中办学的大趋势下，部分寄宿制学校条件较差，床位不足，导致学生打通铺和校外租房，暖气、澡堂等生活设施简陋，家校交通存在隐患。二是生理心理健康水平亟待提升。西部民族地区孩子身体发育迟缓，普遍低于全国平均水平。以某州采样调查为例：2所藏族小学四年级男女生身高均值分别低于77%和66%的全国同龄人，体重均值低于67%和62%的同龄人；1所傈僳族小学四年级男女生身高和体重则分别低于89%、63%和94%、65%的同龄人。尽管这些学校早已实施营养改善计划，但营养水平还是相对低下。此外，由于留守儿童比重大，又普遍过早进入寄宿生活，缺少亲情陪伴和家庭教育，西部学生心理问题逐渐严重，调研中多所学校反映亟须补充心理辅导教师。校医更是普遍没有配置。三是国语教育仍然存在短板。学好普通话是民族地区孩子改变命运的"金钥匙"。但据统计，全国0—6岁不通普通话的幼儿和青壮年劳动力还各有500万人，主要集中在民族地区。调研中看到，有的少数民族聚居区仍采取民语为主的双语教学模式，学生至小学二、三年级才接受每日一节课的国语教育。不通普通话不仅影响儿童接受教育，而且阻碍青年就业和融入现代社会。如有的自治州现有1.5万名少数民族大学毕业生待业；有的自治区因就业不畅要求各级机关事业单位拿出15%指标招录民语授课大学毕业生，落实仍有困难。为此建议：

一是继续加强寄宿制学校建设。建议"全面改薄"工程到期后继续保留相关资金，重点支持学校建设，特别是寄宿制学校校舍、宿舍、食堂、澡堂等设施建设。为离校远的学生提供必要的回家和返校支持。采取专兼结合的方法，推动校医配置。

二是推动营养改善计划提质升级。目前营养改善计划补助标准为2014年确定，考虑经济社会发展、物价上涨和民族地区贫困程度较深、财政困难等因素，建议调整完善学生营养改善计划，统一制定营养膳食补助国家基础标准，在西部民族地区将现行义务教育学校营养改善计划标准提高到每人每天8元。在"三区三州"，还可向学前阶段延伸。

三是重视和加强中小学生心理教育。增加培养和补充心理辅导专业教师，鼓励在职教师进修取得心理咨询资格证。重视幼儿早教和启智训练，指导家长开展亲子活动。

四是进一步推进推普工作。鼓励民族地区与时俱进改进双语教学模式，推广四川、新疆"学前学普"工作经验，增加民族中小学国语教学课程课时。充分发挥普通话水平测试和中国少数民族汉语水平等级考试在升学、就业等方面的作用，视情况提高达标门槛。开展推普教学质量监测和评估，提高推普工作的质量和水平。

四、精准借力，发挥民办教育优势

鼓励社会力量兴办教育，不仅是新时代全面深化改革、增加教育供给的客观需要，是国家的法律要求和既定政策，客观上也有助于减轻地方教育财政支出压力，缓解公办师资紧缺的现实困难，促进产教融合与校企合作，意义十分重大。但民办教育不发达是西部教育的显著短板。2018年，全国民办教育学校和学生占比分别为35.37%和19.49%，相比之下西部明显偏低，如宁夏占比19.82%和14.23%，云南18.67%和12.33%（2017），新疆7.31%和4.68%，有的自治州民办幼儿园仅占2.07%，民办中小学仅占1.72%。相对而言，西部一些地方政府发展民办教育意识较为淡薄，即使在非义务教育、职业教育和技能培训这些更适合民办的领域，宁愿举债办学，也不支持民办院校进入和发展。民办学校办学审批较难；多数职业教育院校得不到与公办院校同等的生均经费支持；职业技能培训补贴实行"先垫后补"，获取程序烦琐，培训成本又居高不下，民办培训机构缺少积极性。为此建议：

一是创新体制机制，充分释放民办教育发展活力。建立公开、透明、规范的民办教育准入、审批制度，综合运用金融、财政、土地等政策组合，鼓励社会力量办学，加快形成多元主体办学格局。在发展公办幼儿园的同时，应积极鼓励公办民助、公建民营等混合办园模式，推动普惠性学前教育发展。甘肃通过公建民营幼儿园的举措使学前教育迅速发展，2018年入园率达到92%，超过全国平均10个百分点，这一经验值得借鉴。同等支持义务教育阶段非营利民办学校，鼓励建立适应信息化时代特征和社会需求的新型学校。对民办职业院校，比照公办校同等予以生均经费支持。鼓励和引导民办职业技能培训机构积极参与贫困地区新型职业农民培育和农民工技术提升培训。进一步完善就业培训资金管理办法，简化培训补贴手续。

二是鼓励和支持民办院校西部帮扶。鼓励支持优质民办职业院校参与东西协作，深化对口帮扶，实施订单、定向、实地精准职业教育和培训。推动东西部民办高职院校建设教育联合体，广泛开展合作交流。允许东部优质民办中职院校突破户籍等招生限制，扩大西部招生规模，承接内职班、内职生，实现东部剩余职教资源与西部旺盛职教需求有效对接。

三是引进和用好教育服务企业和教育公益组织。近年来，国内已出现一批实力较强的民办教育服务企业。作为一种新型教育供给，政府应重视利用和支持相关企业经营，搞好放管服，借助其较高水平的教育资源与服务，助力西部学校克服师资、课程和实习等短板，提高教育水平。支持教育公益组织到西部开展支教助学和助力教师队伍建设。

朱永新

民进中央副主席

全国政协副秘书长

中国教育三十人论坛成员

提升农村孩子的教育质量，阅读是最好、最易推动的策略

　　党的十八大以来，以习近平同志为核心的党中央把脱贫攻坚作为全面建成小康社会、实现第一个百年奋斗目标的底线任务和标志性指标，作出一系列重大决策部署，扶贫开发进入脱贫攻坚新阶段，取得了决定性进展。现行标准下，农村贫困人口从2012年的9899万人减少到2018年的1660万人，累计减少8239万人。这些成绩的取得很不容易，也是实施了大量超常规举措的结果。但是，我们要清楚地认识到，从长远看，要想从根本上消除贫困，离不开教育。

　　习近平总书记强调，"抓好教育是扶贫开发的根本大计"。大量事实表明，贫困群众之所以陷入贫困、难以摆脱贫困、无法彻底告别贫困，一个重要原因就是教育程度低，以及由此带来的知识不足、技能不够，适应不了现代社会。教育要做的就是增强贫困地区群众的自我发展能力，从根本上摆脱贫困。从当前的脱贫攻坚工作安排上来看，教育扶贫其实肩负着双重任务：扶智与扶志。同时，教育还承载着"两不愁三保障"中义务教育有保障、发展教育脱贫一批等重要任务。

　　结合在贫困地区的调研情况，我们认为一定要重视农村地区特别是贫困地区的教育发展，只有教育跟上了，才能激发出贫困人口的内生动力，增强贫困群体的持续发展能力，贫困家庭才有希望能"转运"，对未来的日子有奔头、有盼头。教育扶贫就是在营造扶智扶志的环境，给钱给物只能解决贫困家庭一时的问题，而且容易导致"养懒汉"现象发生。要致力于

转变一些贫困人群的"等靠要"观念，就需要让贫困地区的孩子们接受良好教育，这是阻断贫困代际传递的重要途径。综上，我认为要关注三个方面的问题：

第一，关注西部农村中小学图书馆建设的问题。

近年来，西部整体教育水平有所提高，但农村教育一个很大的问题，就是农村图书馆的问题。这些年来，我们走过100多所深度贫困地区的中小学，看到农村中小学营养午餐的问题基本解决了，走到任何一个村小都可以看到孩子们吃饭的问题基本解决了，而且管理很规范。但是，中小学图书馆建设的问题，令人担忧。从图书品质上来说，不符合中小学阅读要求的图书非常多，图书质量、品质比较差。

在管理上，学校图书馆和村里的农家书屋有些是一体的，但很多学校都是"铁将军"把门，不开放，规模大一点的学校每个学生每周能够轮到一次借书的机会都很难实现。大部分学校没有专人管理图书，老师们也不了解什么年龄段的学生应该读什么样的图书，更谈不上指导的问题。

从理念上，校长和老师对孩子们阅读的问题普遍重视不够。我们在西部县城重点学校看到大量的图书都堆在仓库里没有用过，有的放了两三年甚至更长的时间，成包的图书在库房里"睡觉"。我们在乡村里看到，乡村学校在改建教学楼的时候，把所有的图书全部封存在学校的仓库里。我问校长为什么不给孩子们看，他说现在没有人管。

阅读的问题是教育里一个非常关键的问题，这些年我们一直都在关注阅读的问题。2018年我在云南和一个小学校长讲，一个老师给孩子的东西，可能有时候不如一本图书给孩子的影响大。一本好书，对改变孩子的命运有很大的作用。苏霍姆林斯基讲过一句话，他说当一个边远地区的农村的孩子能够读到和城里孩子一样好的图书时，其实他们就已经站在了同一条起跑线上。我们短期内要提高西部老师的水准有很大的难度，让优秀的老师到农村工作还有很大的困难，但是让优秀的图书进入农村、进入西部的中小学，应该说是容易得多的。

这两天我正在看《知识匮乏：缩小美国儿童令人震惊的教育差距》，这是美国著名的学者艾瑞克·唐纳德·赫希在2006年写的一本书。在美国，学校和学校之间的差距主要也是出在阅读的问题上。

要提升农村孩子的教育质量，阅读是最好、最容易实施的一个策略。所以，我们建议：第一，在继续做好农村中小学营养午餐的同时，要推出精神正餐的工程，大力推进农村中小学的精神校园建设，真正让中小学生得到滋养。第二，是实施农村中小学图书标准化的工程，研制适合中小学生阅读的书目。我们提出要建立专门的针对中国的中小学，尤其是农村中小学图书馆的标准推荐书目，真正把最经典的书、最值得孩子读的书推到学校去。

现在农村中小学图书问题很大。一是招标的时候低价容易中标，中标存在很大的问题，很多假书、盗版书，很多出版商卖不出去的书进入了农村中小学。二是为了追求数量而放弃质量，所以捐赠的图书没有获得书目审查，很多公益性机构越来越意识到这个问题，捐再多的书也捐的是废纸。

所以一定要保证最好的书给农村的孩子看。现在城里孩子看到的好的童话书进不了农村中小学，因为太贵，出版社不愿意打折。进入中小学的招标书目，没有经过很好的审定和审查，所以要完善这个流程，遏制目前招标中的低价腐败现象，确保最好的图书进入农村学校。建议开展专项检查，对全国尤其是西部的农村中小学的图书进行一次筛选，剔除劣质图书。因为我们看到，很多完全不应该让孩子们看的书也进入了农村中小学。

三是加强农村中小学的图书馆专业建设。根据不同学校的规模，设置专兼职图书管理员的岗位。现在不仅在农村，包括城市的中小学图书管理员应该说总体素质是不高的。台湾建国中学校长跟我说，他们学校的图书馆馆长是学校里最有学问的人，一定是学校里最懂图书的人才能担任这个职务。所以，我们要鼓励引导社会公益组织和民间团体捐赠优秀图书，培训阅读推广人，开展阅读活动。这是关于加强农村中小学图书馆建设的建议。其实，图书馆的问题解决了，把西部孩子对阅读的兴趣点燃了，绝不逊色于任何好老师的作用。

第二，关注西部特殊儿童的教育保障问题。

残障儿童被称为人间折翼的天使，保障残障人群获得教育的权利是中国公平教育的宗旨，教育是残疾儿童享有的权利。但残疾儿童受教育的问题目前还是一个大的问题，因为根据教育部最新教育事业发展的数据，现在义务教育阶段残疾儿童的入学率超过了90%，但不到70万人。根据残联公布的大数据，我国有8500万残疾人，其中持证残疾人口3500万人，我们的统计是根据持证残疾人口统计的，而没有根据总体的残疾人口统计。所以很多残疾人没有进入我们的视野，这是我们残疾人统计的一个非常大的问题。

美国残疾人人口占美国总人口的10%，中国残疾人占比是6.21%，估算出来是8500万人。统计数据显示，全国还有60万义务教育阶段学生失学辍学，但是各个地方都说义务教育一个不落，那么这部分群体到底在哪儿？我们最初判断有部分是残障儿童群体，而有关摸底也印证了这一结论。例如我们在湖南调查，2018年年底，全省共有未入学适龄残疾儿童少年4720人，其中建档立卡者为2029人。全国残疾人基本服务状况和需求专项调查显示，全国残疾儿童少年中没有解决好义务教育问题的，81%为农业户口，近80%生活在中西部地区。

像湖南省有400万残疾人，持证人口只有170万，不到二分之一。专业机构对残障儿童入学的评估机制还是不够的，如何保证送教上门的质量是值得研究的。我们在调研中发现，很多送教上门的老师没有学过特殊教育，不懂手语，不懂怎么对待和照顾残障儿童。送教上门也没有标准，对什么样的人属于几度残疾没有标准。同时，保障机制也不健全，像我上个月刚刚到湖南去，一个特殊学校的老师说送教上门基本是义务的，利用星期六、星期日义务上门，一个月一次，去了以后拍个照片，留个证据，写个档案就回来了，至于效果好不好并不是很清楚。我问他们怎么去？她说是老公开车送她去，连汽油钱都是他们自己付的，这怎么会有积极性做送教上门的工作？因此，我们建议要加强以下五个方面的工作。

一是要加大中西部整体教育资源的布局和调整。我们知道未入学残障儿童主要集中在中西部的农村，要结合教育扶贫，贯彻落实残疾人教育条例。

二是融合教育提升计划，重点推进普通学校的特教资源建设和特教教师的配置。在整个世界教育范围内，都在推进融合教育，将残障儿童放入普通学校，但在我国的推进难度很大。我们基本上把残障儿童放到了特殊学校进行教育，当然它的优点是集中资源，因为资源比较有限，这样做效率可能高一些。但普通的孩子不了解这群人，所以当残疾孩子走向社会后，他们和正常社会的相处缺乏经验。目前我国的师范教育体系里没有特殊教育，所有的师范生不学特殊教育。我们建议所有的师范生都必须要学特殊教育，而且可能的话要选某一类型的特殊教育作为必选课程，这样他们在面对特殊教育学生的时候能够做得更好。

三是严格界定送教上门的标准，针对不同残疾儿童的类别和程度，建设有教育、心理康复、社会工作等专家组成的残疾人教育委员会，落实一人一案。要对残疾儿童进行有针对性的确认，什么样的人可以送教，什么样的人应该送教，什么样的人送教要达到什么样的标准，目前这些规范还是不够的。

四是健全送教上门的"四个一"。为规范送教上门工作，要明确建立健全配套的资源和制度，包括：

一支稳定的送教队伍。鼓励地方因地制宜地多元化组建送教队伍，主要方向是加强对教师队伍的特殊教育培训，探索把特殊教育纳入教师教育、准入、培训和考核内容，适应融合教育的发展趋势和就近送教上门的现实需求。可以采用统筹社会自愿力量或者政府购买服务的方式。

一套规范的送教流程。要按照教育规律，研究确定送教的工作方案、时间频次、备课要点、授课内容、教学档案等，落实好"一人一案"。

一套标准特教课程。要明确特教理念、目标、要求，加强对特教课程的编撰工作。

一套跟踪考评机制。教育部门加强对特殊教育的考评工作，研究特教规律，探索新时代中国特色社会主义特殊教育送教上门的发展路径。

五是细化特教生均公用经费的使用细则。要把送教上门的适龄残障儿童纳入学籍管理，足额拨付6000元的生均公用经费。要指导县区制定出台特教生均公用经费的使用细则，统筹考虑送教上门产生的交通、误餐等费用和相关的教师津补贴、绩效等，加强对送教上门的保障力度。

第三，加大职业教育改革与发展的力度，大力发展农村贫困地区的职业教育。

职业教育是离农村贫困人口和底层打工族最近、最能直接提升就业能力和收入水平的教育类型。对于贫困家庭的子女来说，受到好教育，全家都会有希望。一个人有好工作，全家都会脱贫。因此，好的职业教育，可以说是一条快捷的脱贫之路。在脱贫攻坚中，职业教育不仅大有可为，而且必须大有作为。

根据媒体报道，甘肃省现在每年有近6万名贫困家庭学生接受免费中职教育，近3万名贫困家庭学生在省内高职（专科）院校接受免费高职（专科）教育。2018年以来，甘肃确保自主招生院校50%的自主招生计划，面向省内58个贫困县（市、区）和17个插花型贫困县（市、区）实施分县单独测试招生，专门用于建档立卡贫困户学生，实现建档立卡户有技能需求人口接受职业教育全覆盖。

我们在湖南了解到，湖南省推动实施了"一家一"助学工程，在享受国家的中职免除学费政策外，每个贫困学生每年能拿到资助金2000元，并在毕业后实现稳定就业。毕业生年薪一般在3万元以上，真正实现了一人就业、全家脱贫。这些都是非常有意义的工作，体现了职业教育在授人以渔、阻断贫困代际传递方面的巨大作用。

合适的职业是一个人的立身之本，职业教育是阻断贫困代际传递最有效的路径。让所有贫困者通过职业教育与培训改变自己的命运，为自己也为下一代创造更美好的未来。

各位嘉宾，朋友们，教育改变中国，通过在教育上的投入和努力，将能够助力贫困家庭脱贫致富，为社会培养更多优秀人才，打下实现中国梦的坚实基础。我们有信心看到，贫困地区将享受到公平、高质量的教育资源，贫困家庭的孩子可以用自己的双手去创造未来、根除贫困。

谢谢大家。

郝　远

甘肃省政协副主席

甘肃省工商联主席

阻断贫困代际传递的甘肃实践

尊敬的邵鸿副主席，各位嘉宾，女士们、先生们、朋友们：

今天，中国教育三十人论坛以"用教育阻断贫困代际传递"为主题，在甘肃天水举行首届中国西部教育发展论坛，这既是推动西部教育发展的生动实践，也是贯彻落实国家"发展教育脱贫一批"要求的重要举措，必将对发展西部教育、打好脱贫攻坚战提出富有创见的实施路径，并对甘肃加快教育现代化建设带来丰富的智力资源，为建设幸福美好新甘肃、开创富民兴陇新局面注入新的活力。请允许我代表省政协向首届中国西部教育发展论坛的成功举办表示热烈的祝贺！向各位领导和嘉宾表示诚挚的欢迎！

近年来，甘肃省深入学习贯彻习近平新时代中国特色社会主义思想，把教育精准扶贫作为阻断贫困代际传递的治本之策。2017年与教育部共同建设了教育精准扶贫国家级示范区，重点实施了"九大精准工程"，努力为全国打赢教育脱贫攻坚战提供可复制、可借鉴、可推广的经验。截至2018年底，甘肃学前三年毛入园率达到92%，高于全国10.3个百分点；九年义务教育巩固率达96%，高于全国1.8个百分点；高中阶段毛入学率达94%，高于全国5.2个百分点；互联网"班班通"比例提升至88.54%，教育信息化建设走在西部地区前列。

第一，实施义务教育"兜底保障"工程，义务教育办学基础明显夯实。

义务教育控辍保学取得突破性进展。全面开展控辍保学冲刺清零行动，通过干部包抓，依法劝学，适龄儿童失学辍学现象得到有效遏制。截至目前，全省仅剩46名适龄儿童未劝返，其中建档立卡家庭学生2名。

农村学校办学条件显著改善。实施"全面改薄"项目，改善12132所义务教育学校办学条件，占全省义务教育学校数的95%；实施"三区三州"教育脱贫攻坚资金规划项目，新建、改扩建"两州一县"农村寄宿制学校。同时，实施了为民办实事"深度贫困地区农村中小学教师周转宿舍建设项目"和"深度贫困县农村边远地区温暖工程项目"。

义务教育办学经费保障继续强化。教育投入连续7年成为我省第一大支出。2018年累计投入义务教育扶贫保障资金共计98.98亿元，为兜好义务教育底线奠定了基础。

第二，实施学前教育"幼有所育"工程，贫困地区学前教育更加普及。

农村学前教育资源持续扩大。2015年以来，持续投入学前教育专项资金25.39亿元，在75个贫困县新建、改扩建4821所行政村幼儿园，实现了乡镇中心幼儿园、58个集中连片贫困县1500人以上行政村，以及17个插花型贫困县、省定23个深度贫困县、革命老区、民族地区行政村"六个全覆盖"，构建起县、乡、村三级学前教育体系，较好地解决了贫困地区幼儿"无园可入"的难题。

学前教育资助政策精准覆盖。对全省公办幼儿园和普惠性民办幼儿园中具有甘肃户籍的所有在园幼儿，按每人每年1000元标准免除（补助）保教费，对58个连片特困县的建档立卡贫困户入园幼儿再增加1000元的补助。2019年共为全省86万名学前在园幼儿免除（补助）保教费7.1亿元。

第三，实施职业教育"技能脱贫"工程，职业教育助推扶贫作用有力彰显。

优质职教资源向贫困地区更加倾斜。开展精准招生和精准培养，2012年起通过中等职业教育免学费和发放助学金、省内高职院校就读的建档立卡贫困家庭学生免除学费和书本费等资助政策，实现建档立卡户有技能需求人口接受职业教育全覆盖；对贫困家庭接受中、高等职业教育的学生，由帮扶教师设计个性化培养方案。每年有近6万名贫困家庭学生接受免费中职教育、近3万名贫困家庭学生在省内高职（专科）院校接受免费高职（专科）教育。

职业教育集团扶贫优势更加凸显。成立"两后生"职教集团、电子商务职教集团、现代农业职教集团等21个省级行业性职教集团。组织全省27所高职高专院校与深度贫困县全面建立"3+1"脱贫帮扶机制（1所省外对口帮扶职业院校+1所省内高职院校+1个职教集团对口帮扶1个深度贫困县），提升深度贫困县职教中心服务精准扶贫的能力。

职业技术技能培训更加实用。各市（州）至少建设1个市级精准扶贫职业技能培训平台，将县级职教中心打造成综合型精准脱贫职业技能培训阵地。各职业院校精准对接承训任务，开展新型职业农民培训和富余劳动力就业创业培训，每年培训30万人次，有效提高贫困家庭脱贫致富能力。

在兰州新区与教育部共同建设职业教育助推城镇化实验区。规划占地36平方公里，15万名学生，并按德国标准建设了工业4.0实训基地。目前已整合在兰州的24所中高职学校入住。

第四，实施乡村教师"配优提质"工程，乡村教育发展基础不断夯实。

完善补充机制。通过实施国家"特岗计划""民生实事"等项目，累计为全省农村中小学、幼儿园补充教师3.7万名，有效缓解了农村中小学教师结构性短缺和学前教育师资紧缺问题。实施"三区"人才支持计划教师专项计划，每年选派1200名左右的优秀教师到"三区"乡村学校开展为期1年的支教活动；实施县域内校长教师交流轮岗制度、学区内教师走教制度，每年约1万名教师校长在城乡学校之间交流。

落实待遇保障。将乡村教师生活补助实施范围从58个集中连片贫困县扩展到所有贫困县，实施对象由乡村义务教育学校教师扩展到乡村幼儿园教师和高中教师，人均月补助标准达到400元以上，部分县区偏远乡村学校教师月补助标准超过1000元。

加强培养培训。通过"乡村教师走出来、名优教师走下去、网络空间联起来"的方式，充分发挥城市名优学校、名优校长、名优教师的示范引领和辐射带动作用，均衡城乡优质教师资源配置。

第五，实施民族教育"聚焦优先"工程，民族地区教育发展差距不断缩小。

加大民族地区教育经费投入。全面"改薄项目"实施以来，民族地区累计投入35.29亿元，资金下达时向民族地区按照学生数的120%予以倾斜支持。利用国家"三区三州"教育脱贫攻坚专项资金，投入3.4亿元，规划162个项目，支持"两州一县"改善农村学校办学条件。

加强少数民族各类人才培养。扩大"9+3"招生规模，"9+3"项目学生除享受我省免学费和国家困难资助政策外，所需住宿费、书本费、生活补助费、杂费、管理费等由国家和省级财政配套补助。

提升民族地区普通话水平。面向民族地区、贫困地区开展推广普通话活动，重点以3—6岁幼儿为目标人群，以民族地区为重点，以幼儿园为主阵地，营造学普通话、说普通话的良好氛围。

第六，实施招生扶贫"求学圆梦"工程，贫困家庭学生入学机会有效扩大。

积极争取国家贫困地区定向招生专项计划倾斜支持，先后争取教育部下达我省国家贫困专项计划39583名；安排我省地方高校专项招生计划10463名；2015年以来，实施省内精准扶贫专项招生计划12160名，革命老区专项计划1700名。

全面实施生源地助学贷款，2007年以来，累计向全省投放生源地助学贷款93.4亿元，惠及贷款学生超过168万人次。

第七，实施高等教育"定点帮扶"工程，高校精准帮扶优势充分发挥。

落实贫困家庭大学生精准建档。按照"一户一对策""一生一办法"做好贫困家庭大学生精准建档。联通大学生学籍信息系统、建档立卡信息系统、高校学生资助管理数据库，把大学各类资助重点向建档立卡贫困家庭学生聚焦，帮助他们解决生活、学习、就业方面的实际困难。

落实高校人才与智力扶贫任务。各高校深入实施"万名大学生进农村"社会实践扶贫行动、"千名师范生进村小"实习支教扶贫行动、"千名教师进基层"科技支撑扶贫行动等，利用大学生和专家、教授的智力优势，缓解贫困地区高层次人才不足困境。依托高校建立兰州大学社区发展与反贫困研究团队、西北师范大学精准扶贫与区域发展研究中心，兰州理工大学生态环境与环境保护中心，甘肃农业大学特色农业产业扶贫开发研究中心和兰州交通大学农村治理与扶贫开发研究中心等多个智库，为全省脱贫攻坚提供智力支撑。

第八，实施首次就业"帮扶保障"工程，贫困家庭学生实现高质量就业。

聚焦建档立卡贫困家庭中高等院校毕业生就业需求，印发《关于做好普通高校建档立卡贫困家庭毕业生就业帮扶工作的通知》，明确"不就业、不脱手"的要求，实施提升建档立卡贫困家庭大学毕业生就业计划，督促各高校成立就业帮扶工作领导小组，形成具体帮扶机制，并为建档立卡贫困家庭毕业生建立了就业帮扶情况记录表和精准帮扶台账，严格实行"一生一策"动态管理，为每名建档立卡贫困大学生提供3个以上的就业岗位。

第九，实施结对帮扶"协作助力"工程，结对帮扶助推教育均衡作用更加明显。

实施城乡优质幼儿园结对帮扶工程。采取名园办分园、强园帮弱园、托管薄弱园、承办新园、合作办园等形式，扩大优质学前教育资源。组织城区公办幼儿园骨干教师赴乡镇中心幼儿园支教，乡镇中心幼儿园教师赴农村小学附设幼儿园及教学点支教，实现教学资源共享、优质师资共享、教研成果共享。

建立义务教育均衡发展结对帮扶机制。在全省选择23所义务教育优质学校，分别帮扶深度贫困县的23所义务教育学校，建立"一对一"帮扶机制，在办学理念、学校管理、教师培训、教育教学研究、校园文化建设以及特色化发展等方面进行全面指导和帮助。

利用东西部扶贫协作深化对接帮扶。建立与天津、厦门、福州和青岛教育部门对接机制，2016年以来，兰州、天水、平凉等7个市州派出近3000名管理干部、骨干教师、中小学校长赴天津挂职锻炼、交流学习；天津累计选派近700名管理干部和骨干教师赴我省对口帮扶市州及各学校，开展互访交流、支教送教活动。

百年大计，教育为本。全面建成小康社会，最艰巨的任务在西部贫困地区，最有效的办法是发展教育、培养人才，阻断贫困代际传递。这既需要有强有力的人、财、物和体制机制保障，又需要智慧的引领。我们热切期望，国内各类智库和政界、学界、商界的有识之士以本次论坛为新的契机，创新合作模式，深化沟通交流，建好中国教育三十人论坛这一有影响力的教育智库，为推动中西部教育改革发展做出更大贡献！我们真诚希望各位领导和专家对甘肃教育事业改革发展多提意见、多做指导，帮助我们把工作做得更好。真诚希望各位专家学者和企业界人士利用视野宽、理念新、人脉广、资源多等方面的优势，发挥好桥梁纽带作用，帮助甘肃引进各类急需的人才、技术和项目等，为全面建成小康社会、建设幸福美好新甘肃贡献更多智慧和力量。同时，我们真诚欢迎各界朋友来甘肃考察指导、洽谈合作、旅游观光，亲身感受陇原大地的无限魅力，携手书写教育繁荣发展的新篇章！

最后，祝愿各位嘉宾在甘肃期间工作顺利，身体健康！祝愿首届中国西部教育发展论坛取得丰硕成果！

刘仲奎

西北师范大学校长

通过顶岗支教做到教育扶贫与大学生实践
的有机结合

在党的十八大以来，习近平总书记多次强调要大力发展贫困地区的教育事业，让贫困地区的孩子接受良好的教育，用教育阻断贫困的代际传递。并且把"发展教育脱贫一批"作为五大精准扶贫、精准脱贫的重要途径之一。在此背景下，西北师范大学从2015年开始，充分发挥教师教育资源优势和知识人才密集优势，开始了贫困地区的顶岗实习支教工作。我从实践过程、面临的问题以及这个工作如何纳入人才培养体系的建构中三方面给大家做汇报。

一、藏区扶贫顶岗支教实践的过程

西北师范大学基于《甘肃省学前教育三年行动计划》《甘肃省教育厅支持甘南州教育跨越发展行动计划》战略部署，从2015年开始，组织了五批288名学前教育专业的学生，到甘肃甘南藏族自治州126所幼儿园开展为期一学期的支教工作。我们的工作主要关注藏区儿童早期成长与发展，缓解藏区幼儿教师的缺口问题，促进藏区学前教育事业的发展和质量的提升。

这个工作分三个阶段。第一阶段是探索阶段，主要是指2015年；第二阶段是2016—2017年，也是发展阶段；第三阶段是在前两个阶段的基础上的品质提升和推广阶段。

2015年，西北师范大学开展藏区扶贫顶岗支教活动，我们把21名学前教育的本科师范生送到甘南舟曲和迭部进行支教，当时采取的措施主要是实习。学校要求师范生按照实习生的规范要求开展工作，这时候我们强调实习而不是支教，一系列的要求都是按照学校的实习规范做的。取得的成效，是乡村地区的一批幼儿教师到大学再进一步的学习深造。

这一举措缓解了当地教师的结构性短缺问题，特别是音乐、美术、体育方面的教师。西北师范大学的实习生进驻后，在这些方面有很大的缓解。

另一方面，开展藏区扶贫顶岗支教也培养了大学生的社会责任感。我们每一期实习结束后，都要邀请幼儿园的园长、实习幼儿园的教师代表、地方政府的主管领导和学校的实习指导教师以及学生代表召开座谈会，对实习过程进行总结和反思。

我们面临的问题也有很多。第一，参与实习的大学生实践性知识储备不足，进驻幼儿园以后，显示出了他们在实践方面的不足，带给实习工作很多问题。其次，实习支教点分散，教师的专业指导不能及时跟进，藏区幼儿园的指导教师指导能力比较有限，所以导致在实习支教工作中所谓的"双导师"制度无法落实。第三，支教学生不能按照学校已经规定好的教学方案完成大学课程的学习任务，存在着课程知识结构性的短缺。此外，支教学校不仅条件艰苦，而且面临着藏汉两种语言的交流困境。

第二阶段人数比较多，前后140名学生前往60多个县乡的乡村幼儿园进行支教。第二阶段在总结第一阶段经验的基础上，采取了一系列措施，例如在支教前进行多元文化的适应性学习，事先尽量补充实践方面的知识，包括常用的一些藏语培训。

原来这项工作主要的目的是实习，后来发现作为实习是不行的，这项工作还有一个重要的作用是支教。所以我们要求学生要承担教师的工作，像一名教师一样工作。在这个过程中也选配了高等学校的一些指导教师和幼儿园的老师作为指导教师，进行全过程的跟踪指导。

此外，我们结合学生毕业论文的选题，要求学生在实习过程中带项目实习，让学生在支教过程中要时刻考虑毕业论文选题内容怎么做，如何调研，如何收集数据和准备好毕业论文，所以这是带有项目导向型的实习。学校为了保证学生在实习过程中不影响本科阶段的学习，学校开设了三门网络课程《学前教育原理》《儿童游戏与指导》和《学前教育评价》，学生在支教过程中可以通过手机学习。

这些措施取得的成果，是继续发挥了顶岗实习的作用，学生的理论知识和实践获得了较好的融合。开设在线课程有一个很大的好处，不仅实习的学生在幼儿园可以通过手机学习，幼儿园原来的教师也可以在网络上在线学习这些课程，这三门课程对指导幼儿园的教学工作很有帮助，能帮助幼儿园教师提高他们的教学水平。

在发展阶段，我们也发现了一些问题。例如支教前集中培训虽然使学生对藏区幼儿园和藏区文化有了基本的了解，但面对现实中一些具体的问题，教学过程中、生活过程中的具体问题，仍然还有一定的限制。因为对一种新文化的了解，肯定不是短期培训一个月或一段时间就可以的，而是需要一个长期的适应性过程。

同时，实习指导教师在线指导和实地指导间缺乏有机结合，需要针对师范生实习过程中产生的具体问题进行有针对性的指导。主要受制于教师人数比较有限，实习支教学生会面临各种各样的问题，涉及生活、教学、幼儿发展教育中的方方面面，所以有时候老师的指导和实习生出现具体问题还存在脱节的问题。

在线课程如何与实践融合也是有很大的问题。尽管三门在线课程对学生的实习支教有一定的指导，但更多还是停留在理论层面，实习支教工作中的问题是非常具体的，没法在课程中找到具体的答案。还有一个关键问题是，藏汉双语教学是支教过程中非常困难的一个问题，特别是民族地区汉语基础比较薄弱，这样的地区的实习支教工作，这方面的问题更为突出。

第三阶段是品质提升与推广阶段。我们在前三年的实习工作的基础上，学生规模增加了，同时基于藏区实习支教的经验总结，2018年开始，西北师范大学选择了一些非学前教育专业的学生到非藏区国家级贫困县幼儿园、中小学进行实习支教工作，实际上把藏区实习支教工作经验在全省范围内做了推广。

我们采取的措施还是第二阶段的四条措施，取得的成效是顶岗支教形成了一些经验，这个经验可以向非藏区的深度贫困县推广。顶岗支教填补了藏区学前教育师资缺口，提高了大学生的实践能力，提高了藏区儿童的国家通用语言水平，促进了民族之间的团结。

我们学生在实习支教过程中对幼儿园的孩子们有一些要求，要求孩子们回家后和父母、家人讲汉语，而且要求孩子们的父母也要讲汉语，收到了意想不到的效果。所以，我们发现不仅仅是幼儿园的孩子在一学期后汉语水平提高了，而且影响了他的家庭、亲戚、兄弟姐妹，这是实习生在实习过程中的一些亮点，收到的效果非常好。当然，同时也培养了学生的社会责任感。

总体看，藏区顶岗支教工作从2014年开始已经有五批学生进行实习支教，实现了以下五个方面的结合：

1. 学前教育教师职前培养和教师职后培训的有机结合。学生去支教可以把幼儿园的教师置换出来，这些教师又回到大学进行理论学习，而对实习支教的学生来讲这就是学前教师的职前培养，对那些教师再回到大学学习，就是教师的职后培训，这两件事情通过顶岗支教工作一次性解决，所以对这项工作进行了有机的结合。

2. 实习和支教的结合。开始我们对学生的要求仅仅是实习，后来发现有一件重要的事是支教。对学校来讲是双重身份，作为实习你是学生，作为支教你就是教师，作为实习培养自己的专业能力、实践能力，但是作为教师必须要有教师的责任与担当，必须要解决学生在幼儿园学习发展过程中面临的各种各样的问题，这时候学生就要承担责任，就要有解决这些问题的担当。

3. 人才培养与社会服务职能的结合。现在大学需要承担各种各样的职能，例如人才培养、科学研究、社会服务、文化传承创新、国际文化交流等，最基本的职能就是做到人才培养和社会服务的有机结合，让学生实习就是人才培养过程中重要的一个环节，社会服务就体现在支教上，因为藏区幼儿园希望得到高校的支持，所以这两个职能得到了很好的结合。

4. 对大学教师来讲，做到了理论研究和实践探索很好的结合。大学教师更多的是理论研究，面对实践问题时可能会束手无策，通过这样的实习支教刚好可以把老师教学研究方面的理论和研究成果在实践过程中进行检验，做到了理论研究和实践探索的结合。

5. 对社会来讲，做到了政府、大学、幼儿园的结合，三方联动发挥了非常重要的作用。

二、藏区扶贫顶岗支教面临的问题

1. 藏区扶贫顶岗支教的有效性问题。

针对幼儿园教师，我们现在仅仅能做到把他们置换出来和去大学进行理论学习。但具体这个问题深究下去会发现另外一些问题，因为不同幼儿园的教师的理论欠缺不同，他们对自身职业发展定位不同，对自己职业发展的期望也是不同的。所以，如何精准地对每一个置换出来的教师的个性化发展需求做培训？这个方案还没有。支教大学生具有双重身份，既作为学生又作为教师。作为学生有不懂的问题可以向老师请教，但作为幼儿园的教师必须独立地解决教学和幼儿指导过程中的问题，双重身份有时候会发生一些冲突。如果学生们调节不好，角色转化不及时、不到位，对实习支教工作就有很大的影响。

2. 藏区扶贫顶岗支教的文化适应性问题。这里涉及两方面，一是学术与实践之间的调试，二是汉藏两种文化的调试。

学术与实践文化是两种不同的教育体系，对大学生来讲，在大学就是追求知识的，追求知识的客观性和真实性，崇尚科学精神，不迷信权威，我们经常教育学生不能迷信权威，要有自己的主见，要有自己的理解和创新。但到了幼儿园以后，幼儿园的实践文化强调教师的经验、行动和实践，这时候强调学以致用，有时候看起来好像不是很正确的选择、不是很科学的方案，在解决实际问题中却很有效，这导致了在实践文化与学术文化间学生转换不过来、思维跟不上。

关于藏汉两种文化的冲突表现得更为突出。学生去的藏区都是深度贫困地区的幼儿园，通用语言基本是藏语。学生一下子到了陌生的文化场域，他和学生、家长、同事都没法交流，这是必须要解决好的问题，但支教的学生大部分不懂藏语，所以交流是很重要的问题。这两种文化的差异性比较大。在实习支教过程中，跨文化的适应性问题也是我们实习支教学生面临的很重要的问题。

3. 藏区扶贫顶岗支教与大学生培养之间的关系问题。

从顶岗支教方面来讲，我们强调的是支教，强调的是在幼儿园的教育教学过程中能力水平的提升。但对大学人才培养来讲，我们更重视的是学生的专业能力、专业技能方面的训练以及让学生能够尽早参与到国家解决贫困问题的国家战略中去。这两方面侧重点不一样，但是它里面有很多共性的东西，最终的重点是不一样的，导致了价值取向不同，所以在有些工作中也会发生冲突。

三、藏区扶贫顶岗支教融入工作

1. 建立政府主导的人才培养机制。

幼儿园、大学、政府三方联动，发挥三方特长，政府制定政策，进行资源配置、机制保障还有硬件建设等，甚至政府可以制定人才培养的标准和人才培养的程序。大学可以发挥自己理论见长的特点，在理论学习、人才培养课程体系建设、参与实践的具体指导方面发挥作用。幼儿园可以发挥实践基地方面的专长，同时让幼儿园参与到大学的一些人才培养过程中，这对于幼儿园发展来讲也是非常重要的事情。一方面可以把幼儿园需要的人才提前介入到大学人才培养过程中，幼儿园通过介入大学人才培养的过程也可以提高自己的水平。

2. 建立社会参与的示范生培养课程结构体系。

这里主要讲一下"新师范教育行动创新计划"，这是2018年西北师范大学首次提出的，我们的师范教育在新形势、新时代下面临很多新东西，比如教育信息化的要求，更加重视德育的要求，切实对接国家战略的要求，比如更加开放的要求，更加高质量的要求。开放这件事情就体现在这方面，希望社会的参与，这才能使得新师范教育能够开放。

3. 建立基于科学研究的支教行动学习体系。

4. 建立政府主导的政策支持与经费投入机制。

学前教育质量的优劣对于能否积极发挥儿童发展的潜能至关重要。学前教育能否为儿童、家长乃至整个社会带来益处取决于其质量。国外有研究，低质量的学前教育，不仅不能为幼儿发展带来正面影响，而且会对幼儿发展和社会发展带来长期负面影响，这是实证研究的结论。因此为社会提供更有质量的学前教育是一项长期而艰巨的任务，教育扶贫是一个集理论、战略、政策和行动为一体的系统工程，任何一个社会团体都能在这个系统工程中发挥作用，但需要得到政府主导的政策支持，特别需要得到政府的经费投入及机制方面的支持。

谢谢大家。

程介明

香港大学原副校长

香港大学荣休教授

中国教育三十人论坛成员

教育发展要避免补亏思维，关键是要让学生建立自己的价值

教育，怎样才算发展？这不仅是中国教育要思考的问题，全世界都应该思考这个问题。

我觉得每个地区教育之间的比较，不是经济水平的比较，不是弱势、缺点的比较，而是优势的比较。例如美国教育非常注重培养学生的自信心，中国教育擅长帮助学生掌握知识。

我经常说两句话，教育的最终目的是学生的明天！教育的核心任务是学生的学习！下面我分五个部分来讲一下：

一、教育发展的补亏思维

教育发展看什么？

通常的观点大致有两种思维。一种是补亏思维，"先看有什么问题""看给了我们什么任务""看差距，我们如何追""看排名，争取更高"。大家这样做的理由是，先找到问题，然后解决了问题，教育也就发展了！

但真是这样吗？这种做法有点类似修车的心态：先看车哪里坏了，哪儿刮花了，但修到最后车顶多还是原来那部车，这部车并没有发展。

所以，补亏思维容易从负面着手，容易着意于找缺点，容易下意识地追究责任，容易忽略了自己的优势和成绩，容易打击士气，容易变成领导孤军作战。

美国就出现了这种情况，认为学生学得不好是老师的责任，于是设计了很多教师评估，把老师的工资合约与学生的成绩表现挂钩，弄得鸡犬不宁。

补亏思维也往往包含着线性思维：认为"经济好的，教育也一定好""我们的路，也是发达地区走过的路，应该向发达地区学习"。其实，环顾其他地方的教育，成功的并不一定就是经济发达的。例如波罗的海东岸的爱沙尼亚，近年教育突飞猛进，就不是按照发达国家的模式发展教育。要是按照线性思维，中国也不会有近40年的变化。

相反的，是前瞻思维：下一步应是什么？上一个台阶，会是怎样？我们的梦想、愿景、展望、前景是什么？前瞻思维者会更多地往高处想，向前看，找到下一个目标是什么，那才是发展的思维。

前瞻性思维有助于帮助大家找到共同的目标、梦想与愿景，有了目标，大家就可以一起努力，向着目标前进。在这种情况下，老师就会被视为改革的动力，而不是感觉自己是改革的对象；校长、学校也会成为改革的动力。

那么，在我们理想之中，未来的教育会是怎样的？在西方流行的，起码有两种话语：经济话语与科技话语。

二、教育发展的经济话语

经济话语的特点：从国家的角度来看，为什么要发展教育？为了经济发展，为了繁荣安定，为了提高GDP，为了增强国际竞争力。

也是经济话语：个人为什么要接受教育？为了具备和增强就业能力，为了更好的收入、地位、权势。

因此，在经济话语下，教育的责任，在于塑造人力资源，要增强学生的知识和能力，要培养综合性人才，要学生准备面临工作上新的挑战。

中国是有这方面的传统，很多人把科举当成教育了，十年寒窗，就是为了一朝成名，然后拜为宰相，招为驸马，衣锦荣归。在整个东亚"筷子文化"地区，包括日本、韩国、越南都受过科举的影响，把个人的荣华富贵和国家的繁荣昌盛巧妙地联系在一起了。

这种经济话语，最典型的是美国提出的培养学生的"21世纪能力"，包括关键能力（读、写、算），学习与创新能力（明辨、沟通、合作、创新），再加上信息、媒体、科技能力，生活与职业能力。这个说法很受欢迎，因为它标志着21世纪与20世纪的区别，令人耳目一新。

但是，转眼看看现在的年轻人：用非所学，渐成主流；转工转行，家常便饭；间歇打工，怡然自得；创业自雇，前途开朗；斜杠一族（同时从事多种行业），愉快多彩；在家啃老，心安理得……而且技术、市场、机构、职位、人脉、政策等因素让就业市场瞬息万变。

在这样的情况下，教育是否为了瞄准定向就业？教育是否就是要孩子尽早找出发展方向？教育是否就是为了满足他们的经济需求？

新一代的年轻人有什么诉求？也许我们知道得很少。社会有不一样的需求！年轻人有不一样的诉求！经济当然重要，但是，教育，还可以固守经济话语吗？

三、教育发展的科技话语

西方看教育的未来，另一种流行话语，是科技话语。科技的发展，瞬息万变。人工智能、虚拟技术、大数据、物联网、云计算、区块链……真是日新月异，这些深刻地影响着我们的社会和生活。共享经济、共享数据、共享空间，正在不断扩展；各类"中心"（饭店、银行、商店……）迅速消亡。科技的发展，也配合、加速、加强了社会的个人化、碎片化！对教育影响很大。

科技的发展给教育带来很多方面的进步和可能性：科技可以增加学生的学习经历（例如 VR 可以增长学生的见闻）；科技可以精准掌握学习过程（例如为学生设计的应用程序）；科技可以减轻教师工作负担（例如考试批改）；科技可以促进学习个别化（例如学生自学软件）。

然而，对于教育而言，也有一些疑问：

第一，精准化，会不会把保守的教学理念固化？例如批改作业的技术目的是提高学生成绩，这样的教育科技会不会把应试教育的概念固化了？

第二，虚拟化，会不会取代了真正的体验？如果自然界的东西都通过虚拟现实体验，那学生更加不用接触社会和自然界了，这和在实践和体验中学习的概念是吻合还是倒退了？

第三，机器化，会不会没有了情感的交流？老师和学生之间会产生感情，机器能够做到吗？老师会不断地创新，机器能创新吗？

此外，虚拟世界、机器智能、网络生活、大数据这些也会同时带来优势与弊端，是好事还是坏事？我觉得两方面都会有。

假如我们也看看教育以外的科技大环境，又有其他的考虑：

虚拟世界：能够超越现实，但是往往又会难辨真假。

机器智能：能够超越人工，是否就是为了取代人类。

网络生活：能够超越时空，但也造就小圈虚假共识。

大数据：能够超越个人，但不免要担心隐私尚存？

喜兮？忧兮？

四、到底社会在如何发展？

我们都感到社会变了。但社会到底变了什么？与教育又有什么关系？

从经济形态来看，是从满足需求变为制造欲望；从生产形态看，是从大量生产变为少量多款；从机构形态看，是从巨型科层变为一站式小单位。

机构变小了、扁了、松了，讲究的是灵活、可塑、易变，同时也脆弱了、不稳定了。

雇主对于雇员，已经不可能有以前的照顾与保障。雇员对于机构，也没有了以前的依赖与忠诚。

今天的年轻人对于职位、职业不像上一代那么看重。我们生在20世纪的人，讲究的是安居、乐业、稳定、保障；21世纪的年轻人，讲究的是变化、突破、挣脱、脱俗、创新。他们有不一样的事业观、成功感、满足感、幸福观。

社会变化是根本的、彻底的、持久的、全面的、不可逆的。我们进入了一个新时代，工业社会特征正在逐渐消亡。我们正在经历从工业社会到后工业社会的巨大变化，不亚于从农业社会到工业社会的转型。

个人正在进一步被释放。更加自主，但也更加孤立，个人因此也需要更加坚强。我们的教育，有这样的目标吗？

五、教育发展是什么意思？

学习是人类的天性。教育却不是，教育是我们为下一代设计的系统学习。教育是人造的体系，因而带有经济、社会、文化、政治、信仰的时代烙印，也就是说教育体系是会过时的！现在我们正在遭遇这样一种境况。

社会变了，不能只看学历，学生自学到的远远超过我们教的，年轻人的诉求，超出了我们的想象。新加坡利用了"21世纪技能"的理念，但是觉得不能只看经济（工作）的需求，因此以人为本，提出四点：自信的个人，自觉的学习者，主动的贡献者，有心的公民，作为整个教育的发展方向，虽然隐形的"能力"与美国差不多——注重培养学生的沟通、合作与信息能力，批判性与创造性思维，公民、全球与跨文化意识——但是出发点是"人"。

中国也提出了学生发展核心素养，更加是从人的内涵出发，从人的内在素质出发，台湾也在2016年提出"素养"，或许也是继承了儒家的传统。

在2016年，我们在香港提出了一个倡议，我们认为教育应该关注人的素质，包括四个方面：学识（持续学习的能力、深入探究的能力、综合使用的能力、驾驭科技的能力……），修养（群体合作、自省自理、跨越文化、灵活应变……），品质（敢于创新、勇于承担、不避风险、兼容并包、坚持原则……），价值观（关爱舍予、公义和平、相信理性、平等公正、热爱自然、珍惜生命……）。

但是，故事还没有结束，我们不能假设周边的世界是一个太平的世界。这里罗列一下全球的乱象：连续的天灾祸害、冤枉的人为意外、不断的新旧疾病、莫测的经济危机、突发的社会动乱、潜伏的战争隐忧、泛滥的贪污腐败、任性的政党纷争、难防的恐怖袭击、汹涌的越境难民、到处的造假诈骗、不意的民主结果、凶狠的贸易战争。

这些乱象，可以说是方兴未艾。一言以蔽之，我们处于乱世，我们现在的社会是变幻（volatile）、莫测（uncertain）、复杂（complex）、模糊（ambiguous）的，即西方所谓的VUCA社会。

我们的下一代必须是坚强的一代，他们不只要生存、要适应，我们还希望他们成功、领导、变革！摆脱乱世，营造新社会，要靠我们的下一代！

让学生实现自己的价值，那就是教育的使命！这是我的结束语，谢谢大家。

分论坛一：西部基础教育发展经验与反思

杨东平

国家教育咨询委员会委员

21 世纪教育研究院院长

中国教育三十人论坛成员

什么是面向未来的农村教育

大家好！21世纪教育研究院受中国教育三十人论坛的委托，做了一个《西部农村基础教育研究报告（2019）》，在此做一个简单的发布。我想突出重点说一些比较感性的问题。

首先我想说的是，在天水市甘谷县的土桥村有一个村小——土桥小学，我们在那儿开展了一项教育实验叫"伏羲教育"，因为是在伏羲故里举办的。我不知道天水市有多少人知道这个学校，知道的举手我看一看。有几个知道的。他们的第一届毕业生2018年已经参加了高考，成绩明显好于普通班。现在，在全国各地已经有三百多个伏羲学校和伏羲班。它是一种面向农村儿童、做减法的素质教学，三年级以前不开数学，五年级以前不开英语，用《三字经》《百家姓》《千字文》和"四书""五经"做教材，用中国人传统指读的方式识字，用他们的话说叫作"母乳喂养"。每天增加一节武术课、一节书法课，学生学习非常轻松，身体健康，能文能武。所以在我们天水农村的土学校，也可以做出不一样的成绩。

我们这篇研究报告分为两部分，第一部分是简单介绍一下西部农村教育发展的经历和一些新情况、新问题。这些基础情况大家可能都很清楚。首先，是农村学校的硬件设施得到了显著改善，农村的教育扶贫也取得了明显的效果。比较典型的就是贵州，实现了学前教育的逆袭，它的几个主要指标，提前超过了国务院的要求。甘肃的精准扶贫力度也非常大，取得了很显著的效果。

另外一个重要的特点就是"城挤乡空"的教育格局。我国常住人口的城市化率在2014年是55%；但是，义务教育学校在校生的城镇化率却达到了83%，中小学生的城市化率要超过常住人口的30%，也就是说大量的学生进城上学，这是造成"城挤乡空"的主要原因。当然，它背后的原因很复杂，包括在整个城市化进程当中，农村的空心化和村落的变化。

在这个过程当中出现的新问题，是农村的教育差距正在拉大。因为义务教育实行"以县为主"的体制，所以县域之间的差距始终存在，东中西部的差距也非常明显。从教育部基础教育质量监测的报告看，全国有十三四个省是低于平均值的，名列最后的几个省区主要是西部的民族地区。这个差距是非常大的。

我们经常说"能够用钱解决的问题基本都解决了"，但是"硬件过硬，软件过软"，许多电子设备、艺术、科技教育设施在储藏室里"睡大觉"。巨大的教育差距仍然客观存在，而且暂时也没有"短平快"的方式能够解决。不久以前关于成都七中网校的讨论，凸显出教育技术在促进西部教育发展方面的有效性和局限性。它在阿坝州等地区的几百所农村学校设置了一个远程班，选拔高分学生和有支付能力的学生进行强化教育，来增加这个学校的影响力和招生能力。

所以中国的教育在快速发展的情况下，差距还是越来越大。PISA2015测试数据显示：中国学业水平高，学校差距大，而北欧和日本、韩国等东亚国家学业水平高，学校均衡。学生分社会经济地位的分数差、学校分社会经济地位的分数差等，中国都远远超过世界平均水平，成为少数教育最不公平的国家之一。

在农村地区出现了三类特别值得关注的学校，一类是县城的大班额、大规模学校，第二类是乡镇的寄宿制学校，第三类是农村的小规模学校。2018年教育部专门出台文件，强调要加强解决农村寄宿制学校和小规模学校的问题，实际需要关注的是三类学校。与此同时，出现了两个新的教育边缘化群体，这就是留守儿童和流动儿童。尽管这是老问题，但是仍然缺乏制度性的解决办法。从2015年人口普查的情况来看，这两个群体的总数1.03亿，占全国儿童总数38%，是非常惊人的。我们能看到的往往是"浮在水面"的流动儿童，全国共3426万人；而"水面之下"的留守儿童的数量更多，达6877万人，他们的处境也更为困难。其实，这两个群体是同一个群体，就是农民工子女。根本解决这个问题的出路首先就是要让更多的留守儿童变成流动儿童，也就是说首先要和父母在一起，这是一切有效教育的基本前提。在亲子分离的情况下，是很难提供很有效的教育的。说句很难听的话，即便中东的难民也没有亲子分离，都是一家老小在一起的。在中国这样正常、和平的社会环境当中，出现大规模的亲子分离，是非常可悲的。

报告的下半部分介绍了一些解决西部农村教育的实践探索和政策建议。西部农村教育面临的问题非常多，非常复杂，包括：因地制宜地科学规划学校布局，切实加强农村师资队伍建设，加强农村小规模学校建设，加强农村寄宿制学校建设，重视民族地区的教育问题，多种形式发展农村学前教育，重视儿童早期干预，推进农村开展素质教育，走向"为生活而教"。

在今天这么一个有限的时间内，我想突出谈一个问题，就是什么是面向未来的农村教育？农村需要什么样的教育？什么是农村教育的质量？这是一个价值观的问题，它比技术、资源更重要。我们可以看到，农村教育的发展经历的1.0版，就是"有学上"，满足基本需求，温饱的阶段。然后进入到第二个阶段2.0版，我们称之为"上好学"，但这是要打问号的，因为在大多数地方，"上好学"就意味着实行应试教育、激烈的升学率竞争。我们追求的理想的教育目标，也是国家的意志，是走向公平而有质量的教育，我们可以把它称为农村教育的3.0版。

它有几个重要的特征，一是由物到人：把立德树人作为重要的教育价值观。二是从硬到软，从关注硬件建设、资源投入，到切实关注学生和教师。三是由外向内，走向内涵发展，切实提高教育质量。四是自下而上，就是因地制宜、实事求是且创造性地解决每一个地区和学校的实际问题，发挥学校、教师和社区的重要作用。

在追求好的教育的过程中，有一个特别值得认识的概念：需要重视"社会与情感能力"的发展。这种技能我们也称之为情商、非认知能力。在心理学上称之为"大五人格"，就是五种重要的人格特征：外向型、亲和力、责任心、情绪的稳定性和开放性。对一个人未来的事业成功和生活幸福而言，它远比智力因素更为重要，比分数和学历更为重要。国外的一项调查显示，考试成绩只能解释教育对收入影响的18%，像这样的研究其实很多。在2018年的PISA测试中，首次把"SSES"（社会情感能力）作为测试的内容之一，中国苏州市的学生参加了测试。但它至今仍不是我们学校教育的目标，因为考试不考这个。

所以，好的农村教育，符合农村需要的教育，需要真正把教育的基点建立在能够促进学生的个人幸福和长远发展上。为什么我们说每个孩子都能成才，每个孩子都是天生的学习者，因为每个人能力的指向不一样。可是我们学校考试只考两项，就是逻辑和数学能力，还有语言能力，所以使大量的学生成为"后进生"，实际是我们狭隘的评价把他们淘汰了。所以要改变我们的考试评价和选拔制度。

有个国际组织做了一个新的报告《重新定义发展中国家的教育》，发现在世界上那些最贫困的国家，都不证自明地把提高学生的学业成绩与教育质量画等号，花了很多钱，组织了很多专家，花巨大的代价去提高学业成绩，他们学的东西跟城市学生是一样的，尼罗河的长度，希腊神话，子午线什么的；而他们只要学会每天洗手这些最基本的卫生知识，儿童的死亡率可以减少10%。所以，需要反思究竟什么才是教育质量。学生之所以学业成绩低下、辍学率高，最重要的原因就是教育与生活的脱离，所学的知识与生活完全无关！所以，他们提出了新的教育模式和教育质量的概念。

这种新模式就是"为生活而教"。在这种模式下，学校的教育目标从"达到一定标准测试的考试成绩"，转变为"对学生及其社区的经济和社会福祉产生积极的影响"。教育的具体内容以及教学方法也必须发生显著的变化。首先，创业和健康模块将会是所有小学生必修的课程内容。第二，在教学过程中采用以学生为中心的教学方法——学生们以小组的方式进行学习，并且学会自行去解决复杂问题以及管理项目。

这其中有一个优秀的典范，就是哥伦比亚的"新学校模式"，获得了2013年世界教育创新大会的大奖，以及2018年"一丹教育奖"的大奖，目前已经在十几个国家推广，包括越南。不久前我们参观了哥伦比亚农村的新学校，哥伦比亚在拉丁美洲是除了古巴以外，另一个农村学校的学业成绩高于城市的国家。他们80%的学校都是在山顶上的小规模学校，通常一所学校只有一个任课老师，管五个年级几十个学生。我们每到一所学校，出来接待我们的领导班子，都是由几个小学生组成的学生委员会，他们是一人一票选举产生的，有的管环境，有的管图书，有的管健康什么的，井井有条，头头是道。他们的教室，每一个桌子就是一个年级的学生。他们采用什么样的方法、如何能够实行这么大规模的复式教学、混龄教学呢？他们的教材叫《学习指南》，按照每个年级、每个学科专门编写的，是以学生自学为主和小组合作学习的模式。上课的时候每个年级翻开自己的课本学习不同的内容，老师穿插其间进行指导。

今天，我们可以意识到农村教育面临的问题，就是在应试教育的轨道上城乡教育的"龟兔赛跑"，农村是难以取胜的。这条轨道是应该变化的。尤其在互联网和智能机器人的时代，我们必须跳出"教育工厂"的模式，变跑道，换频道，走向一个新的场域。用文件的话说就是全面推进素质教育，把这些口号变成教育的现实。

追求有质量的教育并不意味着强化应试教育，而意味着从应试教育突围，突破那种拼时间、拼命的恶性模式。这在中国的农村教育中已经有了行之有效的实践，我只能简单地介绍一下，包括通过学生主体课堂、阅读推广、互联网+教育、乡土文化课程、面向农村的科学教育和艺术教育等多种途径激活农村学校，提升农村教育的质量。例如，浙江安吉县和山西芮城县的学前教育、开发的学生自主游戏都已经超越了城市教育，产生了世界性的影响。学生主体课堂，从杜郎口中学，到山西的新绛中学、宜宾的凉水井中学等都取得了非常好的学业成就。以山西的新绛中学为例，施行半天授课，学生自主学习，从高三开始改，一开始学生家长到政府游行，最后说服了家长。第二年他们的校长发来短信，他们二本以上的升学率，比上一年提高了30%！四川阆中是一个国家级贫困县，他们的校园文化也是丰富多彩，实行"朴素而幸福的教育"。甘肃平凉的农村小规模学校最多，教育局探索"小班化教育"的办学特色，使农村学生成为阳光少年，综合能力明显提高。甘肃的教育信息化，与沪江网的"互+计划"合作，天祝藏族自治县高原的孩子接触到了纯正的英语课，开足开齐了音乐、美术等艺术课程，跨上了信息高速路。

这些成功案例告诉我们，农村教育的健康发展，为农村儿童提供为人生奠基和终身幸福的素质教育，不但是一种理想，而且也是完全有可能实现的。

让我们共同努力，谢谢大家！

孙冬梅

兰州大学教授

甘肃农村小规模学校的发展之路

今天和大家分享的主题是《甘肃农村小规模学校的发展之路》，我准备从甘肃小规模学校的发展现状、面临的挑战、提升办学品质的甘肃实践及重新审视等四个方面和大家分享。

一、甘肃小规模学校的发展现状

大家都知道甘肃地貌非常复杂，地形犹如一个如意，所以也称之为如意甘肃，我们大会的主址位置天水，位于甘肃的东南部。甘肃又是一个多民族的省份，经济发展也相对比较落后。2019年上半年的GDP，在西部12个省中，除了新疆和西藏外，甘肃人均GDP是最末一位。

在这样一种状况下，甘肃农村的小规模学校现状如何？与2017年相比，2018年甘肃农村学校是"一增一减"，农村学校总数增加了252所，为10535所，占全省的64%；百人以下的小规模学校减少了262所，但仍占甘肃农村学校总数的76%；教师84067人，学生813286人，师生比为1:9.67，国家的标准是1:19。

所以甘肃农村小规模学校呈现点多、线长、面广的特征：教学点有5251所，与2017年相比，增加10人的73所，增加5人的102所，增加1人的10所，增加0人的37所，微型小校逐年增多。总的来看，5人以下的学校和2017年相比是在增加的。

二、甘肃小规模学校面临的挑战

面对这样一个状态，该怎样去办好农民家门口的学校，这是个很大的挑战。

首先，村小面临逐渐消失的危险。随着撤点并校十年的继续，我为什么要用"继续"呢？实际上至今在一些地方政策里，还规定5人以下的小校属于"原则上"被撤并的对象。村小日渐消失，影响孩子就近入学，导致很多农村孩子面临着上学难、上学远，甚至上学贵的问题，使农村原有的教育文化生态面临断代的危机，同时也影响着乡村振兴战略的落实。

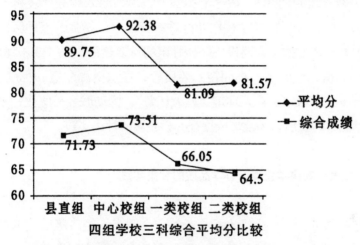

四组学校三科综合平均分比较

其次，农村小规模学校整体办学质量堪忧。受多方因素影响，小规模学校普遍存在着环境设施差、师资力量薄弱、教学质量低下等问题，出现为追求享受优质资源"城满乡弱村空"的尴尬现状。这是一个县76所学校不同类型学校学生三科平均成绩和综合成绩的统计表，二类校是百人以下的小规模学校，平均成绩不是最低，但是也不是太好，综合成绩在这四类学校中是最低的。在这四类学校中，中心校的平均分和综合成绩是最高的，这种状况怎么办？政府也在发力破解这一难题。

五年级抽考四组学校三科综合平均分比较			
	县直组	中心校组	一类校组	二类校组
平均分	89.75	92.38	81.09	81.57
综合成绩	71.73	73.51	66.05	64.5

总体来看，针对小规模学校政府的政策经历了"撤并为主"到"保留和建设"再到现在的"保护和建设"的过程。对小规模学校发展影响最大的是2018年5月份教育部的"两类学校建设"文件。随着国家文件的出台，甘肃省政府也出台了《关于加强全省乡村小规模学校和乡镇寄宿制学校建设实施方案的通知》，在这个实施方案中，要求树立"校村人融合发展"理念，把办好小规模学校作为推进教育公平，增强贫困地区发展的后劲，助推教育精准扶贫，建设美好新甘肃的重要途径。以"四小建设"（小而美、小而精、小而优、小而特）为目标，通过资源配置、标准化建设、教师队伍、办学水平、育人环境"五大任务"，推动城乡一体化，使小校建设走向内涵式的发展，为此形成提升办学品质的甘肃实践。

三、甘肃小规模学校提升办学品质的甘肃实践

我非常欣赏今天早上港大程校长的一个观点，经济落后，不意味着教育落后。甘肃经济虽然比较落后，但是在教育上，特别是农村教育上起步比较早，在财政有限的情况下，政府还拿出7%支持教育。通过政府发力、社会助力和教师努力，形成了提升甘肃农村小规模学校办学品质的甘肃实践。到目前为止，甘肃的小规模学校建设和发展逐渐形成三种模式：

第一种是采用政府购买服务方式，强化"互联网+"模式。利用卫星、光纤、移动互联网等手段，使宽带网络全覆盖，打造基于信息环境下的集体备课、讲课、仿真实验等；以英语、艺术、科学课程为重点，提供优质在线教育资源；采用同步课堂、公开课、在线答疑辅导等方式，促进在线

上课、教研和交流，保障学校开足开齐开好课程。

第二种是建立链网状学校管理体系，实行"中心校+"模式。以小规模学校作为基础，以教学资源作为纽带，充分发挥中心校的优势，来实现引领，资源共享，统分结合，协同发展；推行学区化、一体化和多元化管理，中心校与小校联盟"捆绑式"、学区或村内就近结对"集群式"办学；实行"四统一"管理，统一中心校和小校的课程设置、教学安排、教研活动（中心校为教研单位）、教师管理；短缺学科教师实行联校走教（音体美、信息技术、英语等），走教教师的绩效考核和评优选先优先倾斜。中心校和小规模学校联盟"捆绑式"的模式，在甘肃平凉做得非常不错。对于小规模学校的薄弱学科实行教师"走校"，这一模式天水秦安做得非常好。

第三种是深化课堂教学组织形式的改革，构建"魅力教室+"模式。在甘肃的小规模学校中，通过复式教学、小班化教学，还有情景教学，甚至协同教学，以此来提高课堂效率。在这儿我着重谈一下复式教学，因为我们兰大团队，在甘肃这块大地上做复式教学是从2000年开始一直到现在。在传统复式教学模式的基础上，通过行动研究提出了"同动同静"的新教学模式。采用这种模式改革的古岔小学，教师的课头大大减少，教师们就有时间从事教研，去关注学生的发展。复式教学在国家政策上是有规定的，2018年5月份"两类学校建设"文件中专门提到，在第11条改革教师培养培训中提及"适应一些乡村小规模小学教师包班、复式教学的需要"。

兰大团队提倡的新复式教学，是指两个或两个以上年级的学生，在复式教师的合理调控下，同时进行直接教学和间接教学的特殊组织形式。这种新复式教学"同动同静"的实现条件是：相邻年级编班，同科搭配课表，分组同年级、混合年级或按能力分组，为饭桌式、U形等座位安排，框图式教案设计，适应新模式的观课表等。大量的实践证明，新复式教学"唤醒"课堂教学变革：以"动""静"同时，可以最大限度降低"声浪干扰"；年级互动，满足学生"跨级"学习（两次学习）需求；年级互动，发挥新复式教学"大带小，小促大"的优势。

例如，甘肃孟家山小学实行小学1—6年级不分级体育课，是一个大混龄教学；3—4年级复式英语课堂，则是一个小混龄教学。年级之间的"互动"还可以满足孩子"跨级"二次学习的需求，学习好的低年级学生，可以提前学到高年级的课程，学习不好的高年级学生还有二次学习的机会，所以新模式可以最大限度地发挥"大带小，小促大"的优势。2009年以来，大量的实践证明，采用新复式教育的学校，教学成绩都是有提升的。

四、甘肃小规模学校发展的重新审视

甘肃形成了这样三种模式，这是我们的教育行政，我们的教育人，特别是一线教师共同努力的结果，但是回过头来我们又去反思，到底什么是规模效应？

赫兰德和巴里托尔对学生交通成本进行了研究，研究表明：对生源较少的农村地区进行学校合并，节约成本程度收效甚微。柯林斯认为，因广大农村地区交通不便和学校设施的落后，使得学生交通支出成本和学校设施的配置成本相应增加，抵消了学校规模扩大所带来的节约成本，实际上只是带来了管理成本的降低，这与我们的初衷是相悖的。

关于学校规模与教师人际关系，埃伯特认为，小规模学校的教师对学校的管理、同事之间的关系处理满意度最高；叶庆娜认为，小规模学校对于学生和教师而言，在师生关系、生生关系中比大规模学校更具有优势。所以关于老师配比的问题，中西方的研究是一致的，就是学校越小，管理者和老师的关系越融洽，老师和老师之间的关系更融洽，老师和学生的关系也更融洽。

关于教学质量，西方学者科哲特研究了学校规模对数学、语言成绩等的影响，研究证明了学校规模与学生成绩是反比关系；而中国学者刘善槐

对我国西南地区某县的学校展开了调查研究，认为我国农村小规模学校的学生学业成绩处于偏低状态。

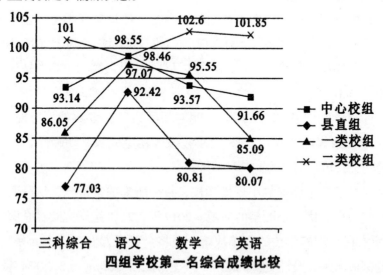

四组学校第一名综合成绩比较

比如教学质量，西方学者认为，甚至现在事实也是这样，学校规模越小，成绩是越好的，而我们东方普遍认为，学校越小，你的成绩就越低。

我们做了一个大胆尝试，把四组学校第一名成绩重新做了排名，其中百人以下小规模学校的三科综合成绩、语数外分科的成绩都处于领先地位。另外，我们又把76校成绩不分学校类别重新排队，结果惊奇地发现平均成绩前20名里面，有15所学校是百人以下的小规模学校。

五年级抽考四组学校第一名综合成绩比较			
	三科综合	语文	数学	英语
县直组	77.03	92.42	80.81	80.07
中心校组	93.14	98.46	93.57	91.66
一类校组	86.05	97.07	95.55	85.09
二类校组	101	98.55	102.6	101.85

2019年兰州大学的研究生做了一个《乡村小学规模适度性研究》硕士毕业论文，在山东、河北、甘肃的43所明德小学发放350份问卷，对教学能力、教学管理、教学条件满意度进行调查，对1256名学生学业水平测试成绩进行分析。结果发现：100人以下小校教师满意度高于201—500人学校；学生语数外三科学业成绩100人以下的小校是最高的，其次是501—800人，101—500人最低；三科中100人以下小校英语成绩最高。这项研究也就可以佐证"小的就是好的"观点；明德项目17年公益路效果显现（建校、质量提升、品牌建设等）；国家对小校投入初见成效，如硬件、软件（走教、轮岗、教研、培训等）。

　　甘肃有很多小而美的小规模学校，每一所都很有特色，每一所学校都是小而美、小而优、小而精的典范。2019年，21世纪研究院在全国筛选出的10所农村小规模学校的变革故事，也将会颠覆人们对"小而差""小而弱"的刻板印象，会让更多的教育人不忘初心，砥砺前行，"办有尊严的学校，做受尊重的老师，育有未来的学生"。

　　甘肃对农村小规模学校的发展已经行走在路上，当然还有许多问题亟待我们教育人去反思。

　　谢谢大家！

高晋峰

山西省晋中市教育局副局长

建立区域基础教育优质生态标准的思考与探索

尊敬的杨院长，各位领导、各位同行：

下午好。

我今天和大家交流一个话题，就是基础教育优质生态的话题，首先我就教育生态讲三个观点。

第一个观点是良好的教育生态要有科学合理的理念生态。当前全社会正日益感受到公平和质量教育的红利，但是在我国不少地方，教育生态环境意识薄弱，维护良好教育生态的意识不强，党的教育方针没有贯彻到位，先进的教育理念还没有落实到位，仍然存在着大量违背教育规律、破坏教育生态、违背学生发展规律的办学行为。可以说一些地区的教育生态很差，甚至很恶劣，比如说大家知道国内不少地区的超级高中，抢夺生源，恶性竞争，以至于造成一种一校独大的现象，这是我讲的第一个观点。

第二个观点是良好的教育生态要有公平均衡的资源生态。我们的教育肩负着为全社会提供公平正义、公共服务的职责。社会公平办学的搭建，往往是从教育根基做起的，办好每一所学校，教好每一个学生，消除教育资源不平衡不充分带来的教育机会不公平，正是我们全体教育人的良心和使命。

第三个观点是良好的教育生态要有协同共管的社会生态。教育生态建设是一项系统工程，不单纯是教育行政部门的职责，需要社会各方力量各司其职、各尽其力，形成强大的合力，构建起政府为主导、教育部门为主体、其他部门共同参与的教育环境治理体系。基于上述三个观点，我想围绕建立基础教育优质生态，谈四个方面的思考，第一是为什么要建立标准，第二是为什么要以晋中为例建立标准，第三是标准如何构建，第四是这个标准如何使用。

一、为什么要建立区域基础教育优质生态标准

第一条理由，建这个标准是基本均衡向优质均衡跨越的一种发展需求。2019年是国家开展义务教育发展基本均衡县督导评估验收工作的第7年，截至目前，全国已有2717个县通过了基本均衡的国家级验收，占到全国的92.7%。"十三五"期间，全国仍然会扎扎实实地推进基本均衡，把这个作为推进义务教育均衡发展的核心任务，为什么这么做，就是因为在已经通过国家验收的不少县当中，存在很多的薄弱环节，巩固提高的压力依然非常大。

教育部2017年5月印发了《县域义务教育优质均衡发展督导评估办法》，经过研究发现，对很多教育发展速度比较慢、经济发展受限制的区域，存在指标过高，或者是和现实差距较大的问题。出现这个问题我们认为，主要是义务教育由基本均衡到优质均衡的台阶太高，跨度太大，缺少一个过渡期，所以说建立基础教育优质生态标准，既能解决巩固提高基本均衡的问题，同时又能为迈向优质均衡奠定基础。

举个例子，比如说督导评估条例中规定，中小学校的校额不得超过2000人，对于一些中西部地区，尤其一些县城的老学校，它早就超过2000人了；对于九年一贯制的学校规定不得超过2500人，按这个规定来考量，就必须新建学校，而对中西部地区经济落后的县来讲是个大难题，目前有些县区仍处在保工资阶段，还达不到促发展阶段。

第二条理由，建这个标准是我们扎根中国大地办教育的社会需求。习近平总书记指出，要坚持扎根中国大地办教育，我认为是必须要面对中国

教育面临的现实难题。中国义务教育改革是在"数量补缺"和"规模扩张"当中开展的，从没有学上到有学上，从不均衡到基本均衡，再到优质均衡，呈现出一个"波浪式"推进。如今到了新时代，已进入到追求更高质量、更高水平的新阶段，但是，当前基础教育领域依然存在着大班额、大校额、择校、择班、教师结构性短缺等诸多问题，而这些问题严重制约着区域教育向优质均衡教育的迈进，我们就需要依据生态的标准来解决这个问题。

第三条理由，建这个标准也是办人民满意教育的现实需求。教育人的初心是幼有所教，学有所教，有教无类，立德树人，让每一个孩子都能接受公平有质量的教育，这也是人民满意不满意的一个标准。通过基础教育优质生态标准的建立、实施必将逐步提高人民群众对教育的满意程度，必将引领区域教育逐步走向优质均衡，这是我交流的第一个问题。

二、为什么以晋中为例来建优质生态标准

第一，均衡教育"晋中模式"已成全国范本。晋中按照"全市一盘棋，城乡一体化"发展思路，坚持以市统筹、顶层设计，整体构建了"四化三改三保证"均衡发展模式，作为国家教育体制改革38个义务教育均衡发展试点地区之一，从2007年起推进义务教育均衡发展，通过千校达标、万师交流、阳光招生、均衡编班和优质高中招生指标100%到校等一系列措施，缩小了城乡、区域间学校差距，提升了教学质量，促进了城乡教育一体化发展。"四化三改三保证"这一均衡发展模式被教育部称为"晋中模式"。

第二，教育改革"晋中路径"让人民满意。

一体化改革，让每个孩子都享受公平教育的阳光。晋中在教育领域实行了一系列改革创新举措，2015年全市11个县区全部通过了义务教育发展

基本均衡国家评估认定，比山西全省提前3年、比全国提前5年实现发展目标。教育部、山西省人民政府先后两次在晋中召开义务教育均衡发展现场会推广晋中经验。

各级各类教育同步发展，让每个孩子都释放最大潜能。围绕"优质普惠"目标，大力实施学前三年行动计划，毛入园率达96.5%，比全国高14.8个百分点；普惠覆盖率达75%，比全国高6.4个百分点。围绕"普及均衡优质"目标，义务教育巩固率达99.7%，比全国高5.5个百分点。围绕"普职协调，优质普及"目标，职业技能大赛连续12年获全省团体第一。全市高中阶段教育毛入学率达98.7%，比全国高9.9个百分点。教育部部长陈宝生考察晋中教育时指出，晋中教育整体水平位居全国第一方阵。

系统化推进，让每个孩子都健康快乐地成长。心理健康教育、劳动教育、美育教育、德育序列化教育等改革实验成为全国典型。中小学校长职级制改革典型做法上升为省级战略，并写入《2018年中国基础教育年度报告》；中考制度改革为全国改革探索出"晋中路径"；晋中市教育局也先后荣获"全国五一劳动奖状""山西省五一劳动奖章"，两次荣记全省集体一等功，"山西省人民满意的公务员集体"。2019年6月25日，晋中市教育局被中组部、中宣部授予第九届全国"人民满意的公务员集体"称号，全国教育系统获此奖项的单位只有3个。虽然晋中教育取得了不少成绩，但审视晋中教育，基础教育和全国不少地区一样存在着诸多问题。我们要发扬晋中教育多年来大胆改革、勇于创新的精神，以晋中为例，加快建立优质生态标准，并向全国推广。

三、优质生态标准是如何构建的

第一，晋中标准的构建思路。晋中市一直坚持从全国格局中审视谋划工作，根据全国基础教育的实际情况，从基础教育生态必备的教育结构、教育政策、教育环境、教育治理、教育评价、教育质量六大要素入手，将标准分为两个部分，第一部分是总体描述和六大要素的基本特征以及具体指标，第二部分是具体指标解释及计算办法。晋中标准整体呈闭环结构，内部逻辑严密，条理清晰。

第二，晋中标准的具体内容。首先，对区域基础教育优质教育生态的概念进行了定义，区域基础教育优质生态是本区域教育发展同社会事业的发展要求相适应，与人民群众的期待相契合，与地方综合实力和区域地位相匹配，与学生成长发展需求相平衡的绿色、协调、可持续发展的良好状态：政府、社会、学校、家庭、教师互联互通、密切协同、高效运转；各级各类基础教育相互依存、协调发展、共生共长；教育理念、教育管理、教育资源和教育水平相互承接、彼此渗透、共同发展；以德为先、以智为源、以体为本、以美为范和以劳为荣五育并举、兼容并蓄、协同发展，促进学生全面而有个性的成长。其次，六大基本要素中，第一个要素教育结构，是优质教育生态的基础，是提高教育效益的重要途径。包含学校布局、教育层次、教育类型、办学形式。第二个要素教育政策，是保障教育公平的基础。包含招生入学、招生制度改革、特殊群体入学保障、控辍保学、资助政策、巩固水平、消除隐性不公平、民办学校管理。第三个要素教育治理，是确保教育体系和教育内部协调的根本，也是优化教育生态的重要手段。包含党的建设、管办评分离、放管服改革、师德师风、课程体系、学生减负、安全管理、校外培训机构治理、现代教育治理体系建设。第四个要素教育环境，是优质教育生态的根本体现。内部环境包含育人氛围、校风学风教风、教育秩序、投诉服务、教育行风。外部环境包含教育保障（经费、教师权益和配备、信息化）、学校周边环境、部门配合、社会支持。第五个要素教育评价，是教育发展方向的指挥棒。包含区域教育质量评价、学校办学质量评价、学生发展质量评价、教师教育教学能力评价、社会对学校评价。最后一个要素教育质量，是优质教育生态的结果，也是优质教育生态的外在表现。包含办学理念、德智体美劳发展状况、教育质量指标、特色办学、开放包容办学。整个评价内容涵盖了基础教育的方方面面，方向明确，指标详细，可以说把整个基础教育构成的核心要义全部囊括其中。

四、优质生态标准如何使用

第一，以高标准推动高质量，努力打造优质的基础教育生态。习近平总书记强调，标准决定质量，有什么样的标准就有什么样的质量。《国家中长期教育改革和发展规划纲要（2010—2020年）》明确提出"建立和完善国家教育基本标准，到2020年，基本建成具有国际视野、适合中国国情、涵盖各级各类教育的国家教育标准体系，实现教育事业发展的法制化、规范化与标准化"目标。晋中深刻领会"标准"在未来教育竞争中的地位和作用，提出了"质量标准提升年"，我们按照"无标准建标准、有标准达标准、达标准提标准"的思路，已推出一个总标准和15个专项标准，在党建质量提升、校园安全防范能力提升、心理健康教育质量提升、教育装备管理应用、数字化校园建设质量提升、学生体质健康质量提升以及教师待遇保障等方面以标准为引领，用系统化思维、连环式举措、滚动式发展，打造基础教育优质生态区域样板市。

第二，以标准化引领现代化，为全国提供可复制可推广的经验。基础教育优质生态标准是扎根晋中、放眼全国、结合实际来制定的，力争以一流标准引领质量提升，倒逼教育工作提档升级。晋中标准紧扣高质量发展要求，实现顶层设计与基层创新的良性互动，通过典型引路、示范引领，达到以点带面、带动全局的效果，我们将参考各地基础教育优质生态评价工作的开展情况，加大总结力度，不断优化标准，逐步提高标准，并将这个标准推向全国，作为第三方评估或者官方评价一个地区教育生态的工具，以教育标准化引领教育现代化。

我的汇报完毕，谢谢。

肖诗坚

贵州省正安县田字格兴隆实验小学校长

大山里的未来学校

大家下午好。谢谢南战军局长，也谢谢杨东平老师让我有这个机会，来到这里跟大家做分享。

兴隆小学位于贵州比较偏远的一个山区，杨东平教授和郑教授来参访过这所学校。他们是在5月份来到学校的，走的时候郑教授含泪跟我说："诗坚，你应该继续办中学。"我问："为什么？"郑教授说："这么好的环境，这么好的学校，我很担心这些孩子走出去之后，很难适应外面的世界。"

我说如果一所学校培养的是孩子们生命力的话，我想他们无论走到哪里都能够顽强地生长。兴隆学校就是在培养孩子的生命力。

说起来，我已经在乡村教育公益这条路上跌跌撞撞走了11年。在过去的11年当中，我认识到我们的教育离乡村孩子越来越远，而乡村孩子也离我们的教育越来越远。因此，我们在2017年年初，上海田字格NGO（非政府组织）受正安县教育局的委托，在格林镇兴隆村开始教育改革。

当时学校有71位学生，到现在依然还是71位学生。虽然，本村的生源在减少，但是，我们还是吸引了一些来自县城和其他乡镇的学生。

我们在这所学校推行的教育叫"乡土人本教育"，它是有自己的课程体系理念的一种教育，它是分别从四个维度来展开培养孩子们热爱家乡、尊重自然、回归人本、走向未来的一种教育。

为了实现这种美好的不一样的教育，我们做了很多的努力。

第一，改变环境。我常跟老师们说："真的爱孩子吗？先爱他的家乡吧。"所以2017年一去，就在当地政府和社会爱心人士的帮助下开始收集村里的老木头，搭建富有贵州特色的古建。不仅如此，我们还开了农场，打造百草园，也使用富有当地乡土气息的各种各样的东西来制作学校的教具，我们相信珍视孩子的家乡的美，不仅可以陶冶孩子的情操，最重要的是培养他们热爱自己的家乡，能够培养出那种自信。

第二，开展课程的梳理，把课程系统化，我们有日修课，基础课，轴心课，共同生活课。公共意识课每周一次，全校师生共同商议学校的各种事情，大小事情，而且是师生一人一票，关键的事项是要全校师生进行投票的。还有一个课叫自主修习课，学生有选修课，而且还可以选择决定自己的学习目标、学习的方式和本周的进度，这个培养从一年级就开始了。

五大课程，都有同样一个平台让孩子们去展示，这个平台叫兴隆大舞台。同时，我们每学期期末会有一个嘉年华的平台。

我们做的第三件事情就是打破围墙，让教育无所不在。我们的课堂可以在博物馆，可以在村公所，也可以请我们的村民走进我们的课堂给学生讲授。

除了打破年级围墙，我们还需要打破学科的围墙。我们还有主题教学，在这里你可以看到学生画的思维导图。他们每学期在期末的时候，会把每学期所学的内容加以整理，然后汇编成个性化的学习材料，每人一本，学校71个孩子就有71本汇编成果。

另外一个课我也很想在这里跟大家分享，叫自主研究课，它是打破观念围墙。大家肯定在心里问，小学生做什么研究？农村小学生能做研究吗？他们能写论文吗？他们到底研究什么？

我这里给大家看一个视频。这是计算机课上他们的小组答辩，小组答辩完了之后，他们就要在全校面前进行答辩。

其实我觉得很多人来到这所学校会感动。我觉得让他们感动的可能不是我们的环境有多么的优美，我们的课程开展得怎么样，可能更重要的是整个学校营造的一种文化。我们强调共建文化，兴隆的每一个角落都是美的，而每个角落都由师生共同建设；学校的每一个议题也是大家共同来讨论的。在这里，你会看到老师不随便占用自主学习课，提这个的原因是，老师赶进度可能希望占用学生其他课程的时间、自主学习的时间来讲他的课，于是就有孩子提出来。还有一个说，教师违反校规要接受处罚，到哪儿接受处罚呢？到学生会，而且这个条例居然通过了。这个学期我们的公共议事课，会看看上学期的各种提案是否执行妥当。我们还发现其实在学校当中，学生会有些问题可能解决不了，我们将在下学期引进一个学生法庭，希望以学生法庭的方式，来处理学生和学生之间的矛盾。我们希望孩子在他不断参与的过程中，在他讨论、在他建设的过程当中，每天可以感受到他可以改变他的学校，我们也希望未来他能够意识到他也可以改变世界。

我这里要跟杨老师汇报一下，因为杨老师去的时候正好是5月份，那个时候大家很担心我们的毕业生出去怎么办，我这里有一个很好的消息报告，我们12位毕业生，有6位去了县城的好中学。下来是考试，我们取得了我们镇第一名，全县一共69所中小学，全县加起来，我们排名21。

大家还担心的是，这些孩子毕业以后怎么办，2019年我们就推出了另外一个项目，叫"田青之家"，它将以非学校形态继续来实施我们的乡土人本教育。

总结一下，乡土人本教育就是这样一个画像，"立足乡土、敬爱自然、回归人本、走向未来"是我们的理念，它深深地扎根于我们的乡土之中，泥土之中。在这之上，我们有"五+一"课程。我们希望我们的孩子能够学会做人，学会怎样学习，学会共同生活，也学会如何做事。

我们希望教育不仅仅只是为了生存，也是为了美好的生活和精彩的生命。

最后我想说，其实回归乡土、回归人本的教学，也就是回归我们民族的一个寻根的教育。我很高兴能够来到天水，昨天很多领导在说天水很贫困，其实我觉得天水很富饶，有丰富的文化底蕴，这些也是丰富的教学资源。

感谢来到我们华夏文明之地，大家一起来寻找教育的根，它就是阻断贫困代际传递的一个重要渠道，谢谢大家。

常武佺

甘肃省秦安县陇城学区党支部书记

创新走教模式，助推乡村教育均衡发展

尊敬的各位领导，各位专家，奋斗在教育战线的朋友们：

大家下午好！

我今天汇报的题目是"创新走教模式，助推乡村教育均衡发展"。我们陇城镇位于秦安县城东北部，清水河中游，大陇山西侧，距县城70公里，地处张川、清水、秦安三县交界地带，区域总面积78.94平方公里。清水河从张川县自东至西流入，形成一条较开阔的河谷地，清水河南北两侧地形起伏，破碎复杂。由于侵蚀作用强烈，沟壑发育，梁峁相间，陇城镇素有"羲里娲乡"的美称，是中国历史文化名镇，有齐家文化遗址、街亭古战场、女娲庙等名胜古迹。

全镇有初级中学1所，九年一贯制学校1所，完全小学5所，教学点12个，公办幼儿园1所，民办幼儿园1所。小学在校学生1958人，教学班89个，小学教师157人。全镇学生中有65.5%为留守儿童。

陇城镇小学的特点是布点多、班额小、山川办学条件差距大、教师队伍不稳定、学生择校现象严重、教育资源短缺、教育质量偏低。为了解决这一问题，我们秦安县委、县政府提出了建立园区的想法，提出了资源共享，联合互动，集中住宿，巡回走教，变学生走读为教师走教的走教模式。

走教模式一是以中心小学为主体，与全镇各小学和教学点教师建立互动联合体，实行教师走教，校点一体化管理。

二是各小学教师集中在园区统一食宿，统一接送。园区规划四个走教片区，每个片区配备专车一辆，每天负责接送教师白天到学校上课，晚上在园区食宿备课，开展集体教研活动，音体美科学教师星期二、四下午安排走教工作。

三是各校课程由园区统一安排。教师由园区统一调配，全学区小学教师统一纳入园区管理，打破校际界限，按照完全小学与山区教学点的地理分布、学生就近划片入学和各小学教师的余缺情况，进行统一调剂调配，教师由"学校人"变成了"园区人"。

四是学科在园区内实行统一走教，语文、数学、英语等学科教师相对固定，定期交流走教，科学、音乐、体育、美术等学科教师随时巡回走教，中心小学骨干教师可以为多所学校的学生"走教"上课，破解了课程开不齐、开不足的难题，解决了学科教师短缺、师资力量不足的问题。

五是教研教改统一进行。走教教师晚上回到园区统一参加由中心小学组织的语文、数学、英语综合、音体美、学前教育五个教研组的活动，全园区教师在园区集体备课、研讨交流。

陇城教育园区运行以来，产生的主要社会效应以及成效有以下七点：

一是确保了山区学校的控辍保学。教育园区运行后，变学生"走读"为教师"走教"，最大限度地解决了农村子女上学难的问题。教师进行走教，学生不必跑到很远的学校上学，在本村上学，便于管理，既消除了安全隐患，又减少和杜绝了学生转学、辍学的现象。

二是稳定了农村教师队伍。陇城教育园区为全镇 140 多名教职工提供食宿，学区教师携家人入住，极大地改善了乡村教师的工作生活条件，稳定了教师队伍，有效地解决了农村教师工作成本高、工作不安心的问题，使广大教职工尤其是年轻教师更好地投入到教书育人工作中。

三是实现了教育资源共享。园区按照校点一体化的管理模式，对区域内的教育资源进行整合利用，对教师进行统一调配，坚持教师巡回走教，有效化解了多年来川区师资富余而边远山区严重缺少教师的矛盾，最大限度地实现了区域内师资资源的共享。特别是英语、音体美短缺学科和骨干教师实行巡回走教，使山区各校学生享受到优质的教育，为教育均衡发展奠定了坚实基础。

四是提高了教师队伍的整体素质。教师在园区一起学习交流，开展教研活动，进行集中培训，共享教育资源，为教师业务水平的提高创造了良好的条件。同时，教师在园区集体备课，集体教研，增进了教师之间的了解和团结，通过互学互帮，以老带新，有效促进教师队伍素质的整体提高。

五是加强了学校薄弱学科的建设。过去一个教学点一般只有一名教师，一所完全小学的同一门学科一般也只有一两名教师，教研活动根本没办法开展。教师统一集中入园、统一调配管理后，园区针对各校英语、科学、音乐、体育、美术等短缺学科和骨干教师实行巡回走教，做到了全学区各个小学和教学点开设科目全、开设课时足，保证了各校学生享受公平优质的教育，提高了教育教学质量。

六是降低了山区学校教育成本。通过整合教育资源，实行"学生不动老师动"的巡回走教模式，农村学校的教育成本将得到进一步降低。原来边远山区教学点学生撤并到规模较大的小学上学，每天接送学生387人上下学，共需校车14辆，每天费用为4200元。现在改为接送教师，需校车4辆，每天费用为1200元，比接送学生节约3000元。每年在校时间按200天计算，一年可节约开支60余万元。

七是通过对小班教学模式的研究推广，提高了教学点教师素养，为乡村小班教学指明了方向，提高了教学成绩，留住了学生，保住了学校。

目前农村学校人数逐年递减，一个班十人以下的居多，小班额教学不仅仅改变了学生的数量，更可贵的是改变了教师传统的教育观念和教育方法，使每一个学生尽可能多的被关注，享受到更优质的教育资源，是实施素质教育和个性化教育的重要载体。我们陇城教育园区自2018年9月小班额教学研讨活动启动以来，陇城教育园区制定了目标任务，对小班教学模式积极探索，科学实施，已经取得了初步的成效。

我们在小班额教学当中，对教师的要求是每个教师要做全能教师、全科教师，要进行全时学习，全景教育；对于课程的要求是要集体备课，逐课创新，示范课堂，展示交流；对学校硬件保障的要求是，教具要多样，网络要畅通，桌椅要灵活摆放，资料要共享；对学校管理的要求是所有的老师要参与，所有的课程要展开，所有的课堂要推行，所有的学生要受益。

2018年我们对小班教学提出了五个内涵，有小而活，小而亲，小而精，小而高效，小而美。到2019年我们又丰富了其内涵，增加了小而趣和小而特。

小而活，是指课堂要充满活力，学生要充满活力，课桌椅要灵活摆放。小而亲是指亲密无间的师生关系，使学生因为爱老师，所以爱学校，最终爱学习，所以所有的学生都很阳光。小而趣是指激发学生的学习兴趣，是小班教学活动的基本任务和永恒目标，所有的家长也参与进课堂，和学生一起活动，也可以把课堂带到室外进行教学。小而特是指有个性的老师，对有个性的学生的教育和启发，老师的个性和学生的个性都得到了释放和彰显。小而精，是指教师专心致志、不受干扰、追求精益求精，每个人的个性都可以得到充分的施展，每个人都可以被充分的关注和尊重，用心慢工出细活，用心锻炼绝活。

我们开展小班额教学以后，我们的王茜老师，一个参加工作三年的年轻老师，在全省的小班额教学优质课大赛当中，获得了英语组一等奖。

我们陇城教育园区自开展走教模式和推行小班额教学以来，取得了一些初步的成绩，本来有很多的教学点面临被撤点并校，但是由于推行了走教模式，小班额教学，现在这些教学点的人数有了回流，这是我们最愿意看到的。比如赵山小学，2016年只有4位同学，到2019年有40位同学，这个回流现象是非常显著的。

这个是我们秦安县委副书记县长在教育部的新闻发布会上，介绍陇城教育园区建设运营情况。下面的这些都是各级领导，还有社会团体来我们陇城教育园区参观考察的照片，介绍我们陇城教育园区的走教模式的文章也在《中国农村教育》杂志社上发表了。

2019年4月20日，陇城教育园区被邀请参加2019年中国教育创新"20+"论坛年会，在北京做了"创新陇城教育园区教师走教模式，做好乡村教育均衡发展孵化器"的报告。

我的报告就到这儿了，谢谢大家！

分论坛二：西部职业教育改革与发展前景

姜大源

教育部职业技术教育中心研究所研究员

西部职业教育改革与发展前景

各位领导、各位老师、各位代表：

非常感谢中国教育三十人论坛邀请我出席西部教育论坛并主持职业教育分论坛。今天特别感到高兴和欣慰的是，职业教育头一次被列为三个分论坛之一，表明教育三十人论坛对职业教育的重视。

社会上一般都将职业教育看成二流、三流的教育，但实际上职业教育也是一流的教育。2019年春节前，国家发布了一个重要文件，名为《国家职业教育改革实施方案》（简称"职教20条"）。文件里有一句话，叫作"没有职业教育的现代化，就没有教育的现代化"。这就是对职业教育重要地位和价值的肯定，这就是视职业教育为一流教育的褒奖和点赞。在这个意义上，可以说，没有西部职业教育现代化，也就没有西部教育的现代化。基于此，我今天演讲的题目也跟这个内容有关。我的题目是《西部职业教育改革与发展前景》。

今天我准备讲三个问题。由于论坛将发言时间限制为半个小时，而实际上我需要三个小时，所以，讲半个小时就只能迅速地过一下相关内容，有机会我们再详细谈一谈。

先说第一个问题，关于西部职业教育的现状。

西部地区职业教育的现状，跟全国职业教育的现状是一致的。中国改革开放40多年，用厉以宁教授的话来说，就是没有职业教育，中国的改革开放是不可能成功的。这是因为职业教育为国家经济社会的发展，提供了有价值的人口红利。

GDP随之回落。第三阶段的7年间，朱镕基总理和温家宝总理针对经济下滑的情况，召开了两次全国职业教育大会，中职招生人数开始回升，占比恢复至年均47.4%，此时年均GDP增速也达到10.9%。这一历程表明，在经济下滑之时，也是中职招生下滑的时候。

高等职业教育是在改革开放的经济发展大潮中起步的。由于时间关系，今天不展开讲，而是着重谈一谈中职的情况。统计表明，从1990年到2018年的28年，国家GDP增幅的波峰和波谷，跟中职在高中阶段的招生比例和在校生比例的波峰和波谷，是同频共振的。这表明，中等职业教育与中国的经济发展紧密相关。可以说，中等职业教育是中国经济的晴雨表。中等职业教育，在中国经济发展中有着很大的作用。

西部地区职业教育的情况怎么样？研究表明，它基本上与全国的情况是一致的。近年来，西部各地中等职业教育招生数量也呈下降趋势，但是内蒙古、重庆、云南、西藏、甘肃、青海、宁夏和新疆则表现得相对比较平稳。具体原因今天不做分析了。总体来讲，中国经济发展曲线的波峰和波谷，跟中职发展的波峰和波谷，不管是在全国还是在西部地区，几乎都是同向的。

中职毕业率是反映中职向社会所提供的职业人才的能力和质量的一个重要指数。数据显示，中职毕业率与国内生产总值紧密相关。西部地区中职毕业率与生产总值变化率，与全国经济发展的变化率，基本上也是吻合的。这一结论建立在我们对西部12个省区市自2013年到2017年中职毕业率分别统计的基础之上。尽管各个地区的情况不尽相同，但对12个省区市的综合分析表明，其总趋势也与全国趋势一致。

关于高职发展的情况，可以看到，尽管西部地区在高职学校数量上比中部地区略少，但是在国家示范校、骨干校、优质校，以及"双高"学校上榜总数方面，都差不多。甘肃这几年高职就有很大发展，仅仅在天水就有3所高职院校。

这是西部地区职业教育发展的现状。再谈第二个问题，关于西部职业教育的问题。

当前，社会上出现了一些悖论。例如，人均收入还不高，劳动人口却先老化了。中国是全世界第一个未富先老的国家。中国现在60岁以上的老年人为2.49亿，而0到15岁的人只有2.48亿。一个严峻的情况是社会抚养比的问题。上述两部分加起来约5亿人，需要全国总人数14亿减去5亿，即约9亿劳动人口来抚养。姑且认为这9亿人都在工作（实际上还有很多人在上学），那么社会抚养比约为1.8∶1，也就是说不到两个人养活一个人。这是一个很严重的情况。世界上初始就业年龄都在15岁到24岁之间，如果把初始入职年龄提高到本科，即大约24岁之后，那么15岁到24岁年龄组的职业谁来干？精英是可以引进的，工人农民却是无法引进的。

又如，文化程度提高了，劳动参与率却下降了。为什么？世界各国遵循世界劳工组织的规定，15岁为初始就业年龄。我国规定16岁为初始就业年龄。一般中职毕业大约19岁，就能参加工作了。若24岁才参加工作，就意味着每人劳动年限缩短了4年左右，那么，10亿人减少的工作时间将高达40亿年。此外，只强调提高一次性的高校毛入学率，即"一条路走到黑"而不是多次性的"立交桥"式、基于终身学习的受教育程度的提升，只以"升格""升本"作为所有学校的唯一通道，将会导致一种唯升学的新"科举"现象出现。

再者，职业资格门槛降低了，学历门槛却提高了。为降低就业门槛，国务院取消了大约70%的职业资格证书，市场化的证书将越来越得到认可，特别是1+X证书制度中X证书的实施，将有利于"稳就业"政策的落地。但是，一些单位一味地以高学历作为入职先决条件，结果反而提高了就业门槛，违背了意在通过取消大部分职业资格证书来降低就业门槛的初衷。

综上所述，现在出现了"有事没人做了，有人没事做了"的现象。"两难"并存：技术岗位招工难，大学生就业难。目前，我国每年新增劳动力约为1500万。近年来，高校包括高职毕业生占每年新增劳动力的比例越来越高：2015年为749万，2016年为765万，2017年为795万，2018年为820万，2019年为834万，2020年估计为874万左右。这就意味着，在新增劳动力中，55%—60%为高校毕业生。在2015年，新增劳动力的一半即50%中，约有30%为中职毕业生。若取消中职，将使得这30%的中职毕业生消失，从而使得接受过中等职业教育的从业者严重短缺，使得全世界公认的一个科学合理的纺锤形劳动力结构，也就是中级职业人才占据劳动力多数的合理结构受损，以至于我国新增劳动力的结构，呈现为哑铃形甚至沙漏形。经济发展亟须的具有中等文化程度的一线劳动者的缺失，必将拖累中国经济的发展。

近年来普通高中招生和中职招生的统计表明，两者的剪刀差越来越大。所谓职普比相当的说法，指的是1∶1，也就是50%∶50%。而所谓职普比大体相当的说法，则是指在50%的基础上加或减10%，因此40%∶60%，是大体相当；60%∶40%，也是大体相当。这是国家的政策。2016年高中阶段教育的职普比是42.49%，2017年下降至42.13%。但有数据表明，尽管2017年的职普比下降了0.36%，2017年GDP增长率却比2016年上升了0.2%。原因何在？这或许是因为以培养技术工人为主要目标的技工学校，2016年招生增加了5.77万，在校生增加了1.69万，也就储备了一定数量的技术工人；而2017年技工学校招生增加了3.71万，在校生增加了15.06万。这意味着GDP的增长拉动了技工学校的招生。似乎可以这样认为，当职普比总量下降的时候，作为培养技术工人后备军的技校毕业生的增加，为经济发展保持相对稳定做出了一定的贡献。当然，这里的原因是多方面的，此处不作详细分析。

统计表明，目前中等职业教育在高中阶段，职普比还是大体相当的。反过来，普职比大体相当，也就是3∶2。不过，由于中职招生人数总量近年来持续下滑，技术工人总数也急剧下降。车工、钳工、焊工已不是东部地区找不到，连西部地区也都找不到了。所以，不重视中职发展，将会自己惩罚自己。家政专业毕业生，就业前景良好，薪酬也很高，但就是招不到学生。这是因为近年来由于劳动教育的缺失，人们认为家政服务就是伺候人的工作，所以谁都不去干"伺候人"的事。国务院办公厅前不久发布了《关于促进家政服务业提质扩容的意见》文件，要求教育部会同人社部、商务部负责，支持院校增设一批家政服务的相关专业。另外，我们的农业教育毕业生的就业前景也很好，但农业类学校或专业招生也很困难。采矿、石油、钢铁等学校或专业的招生，更是举步维艰。据有关资料，现在农民的平均年龄为55岁，这是很危险的事情。建筑工地上干活的人几乎都是50岁上下的人。这样下去，用不了几年，中国就真的找不到技术工人了。

对西部地区12个省区市的普职比进行统计绘出的曲线表明，西部地区的普职比大抵为1.98：1，亦即约2：1，也就是67%：33%，与60%：40%，也就是职普比大体相当这一要求，还存在一段距离。其中，广西、四川、云南、青海这4个省的情况好一些，普职比，也就是职普比的大体相当，保持得比较好，但其他地区则波动较大。因此，职普比大体相当这个问题，需要引起西部地区的足够重视。

另外，关于中职学校的生师比问题，西部地区也严重超标。按照教育部要求，生师比应为17：1~18：1。但西部地区除了内蒙古、西藏、甘肃基本达到这个指标之外，其他地区则与之相距甚远，都超过了18：1。这表明，西部地区职业学校存在着严重的师资缺编问题。虽然近年来西部地区各个地方中等职业教育的生师比逐渐向好，但是仍然高于全国平均水平，且西部地区生师比差异较大，广西、贵州、青海居高不下，而内蒙古、西藏、甘肃情况则比较好，尤其是宁夏在18：1以内。但是，需要引起注意的是这几个省份生师比合格，并不是教师数量大幅度增长的结果，而是招生人数下滑所带来的。此外，对比西部地区同年度普通高中的生师比和中等职业教育的生师比发现，普通高中的生师比普遍低于中等职业教育的生师比。这表明，如果按照职普比大体相当的要求，西部地区中等职业教育教师的缺口非常大，必须尽快补上。

当然，如前所述，西部地区中职总体上的发展还是基本稳定的。对西部12个省区市的中职毕业率与该省区市经济增长情况做比较后，我们进一步发现，近年来西部各地区中等职业教育毕业率主要还是呈现上升趋势。但是贵州、西藏表现出不平稳性，表明在这几个地区，中等职业教育质量的提升措施和监控机制还存在不足。而从中等职业教育毕业率的变化率来看，西部各个地区均出现了负值，尤其是内蒙古、贵州和西藏2017年出现明显负值。这表明该地区中等职业教育的教育质量和总量均有下滑的预兆。

关于经济发展的情况。2018年，东、中、西部地区人均GDP分别为14039元、7740元、7484.3元，显见西部地区与中部地区相比只差300元左右，但是从GDP增幅来看，东、中、西部分别为6.38%、7.01%、7.51%，西部地区却是高于东部和中部地区的，这显示西部地区这几年经济发展较快。实践证明，这一成就与西部地区的职业教育，特别是中等职业教育与区域经济发展的契合度是紧密相关的。总体上来说，西部地区生产总值的变化曲线与中职毕业率的变化曲线，基本上也是同频共振的，也就是说，两者在总体上是契合的。

然而，尽管如此，西部12个省区市两者的契合度差别还很大。对西部各省区市分别统计的结果进行对比分析，可以看到：

内蒙古两者比较契合，并且其中职毕业生增长率高于生产总值增长率，但2017年以来降幅却比较大。重庆契合度的正趋向一致，其中职毕业率跟它的GDP增长的趋势是同向的。广西契合度虽有波动，但中职毕业率2017年再度上升。四川生产总值向好，也拉动了中职向好，但中职增幅还较小。

贵州中职毕业率波动大，但经济增幅比较稳定，2017年对中职发展有所拉动。西藏波动较大，中职发展还需加大力度。云南近3年来两者契合度比较一致，但提升中职教育质量还需继续发力。陕西2013年到2015年波动很大，近两年有所改善。

甘肃基本契合，而宁夏、青海、新疆波动较大。但青海2019年中职发展比较给力，上升幅度较大。

我们的基本结论是：毕业率是中职教学质量高低的标尺，教学质量好则毕业率高，为社会输送的所需要的人才的能力也高。为此，我们将撰写一个比较详细的分析文章。现有的分析也已表明，中职发展与生产总值的发展，其总趋势与全国总趋势还是基本一致的，即波峰波谷相对吻合。

结论是，职业教育是和经济发展关系最为紧密的教育。职业教育包括中等和高等职业教育，跟我们经济发展紧密相关。由于时间关系，这里不再展开了。关于西部地区职业教育发展的问题，就说到这儿。

最后讲第三个问题，关于西部职业教育的展望。

西部职业教育未来发展的好坏，取决于对职业教育作为一种类型教育的本质特征是否有清醒而正确的认识。我以为，加快西部地区职业教育的发展，至少先要做好三件事：第一件事是把握规律，也就是明确职业教育的类型之本，职业教育和普通教育是两种不同类型的教育，具有同等重要的地位，而这个类型的规律是什么？要在正确认识的基础上牢牢把握。第二件事是立足当务，也就是坚守职业教育的功能之魂。对中部和西部地区中职毕业率与生产总值增幅逐年比较的结果，表明区域经济发展的支柱产业，跟职业教育发展的关系尤为紧密，只有解决经济发展的当务之急，才能为西部地区创造财富。第三件事是重构课程，也就是夯实职业教育的质量之基。任何教育离开课程都将一事无成，课程始终是人才培养的核心，专业建设必须落实到课程上。教材作为内容的载体，其内容要通过课程学习去获得。

由于展望这部分涉及的内容比较多，可以展开一点来阐述。

首先，要讲讲关于对职业教育规律的理解。

传统的教育范畴，必然涉及三个概念：学校、学习与教育。而职业教育，还涉及企业、工作与职业。

其一，关于学习地点的范畴需要扩展。对传统教育和现代教育，特别是职业教育和普通教育来说，在学习地点上有什么差异？普通教育往往只有学校这样一个学习地点，而应用型教育和职业教育，除了学校这样一个学习地点，还有企业及其他社会机构。显见，职业教育远比普通教育复杂。因为只有一个学习地点的参照系，是不适用于具有两个或两个以上的学习地点的职业教育和应用型教育的。普通教育论及的教育学，只是基于学校教育的教育学。目前我国师范大学讲的教育学，基本上都是中小学教育学，是未成年人的教育学。企业作为一个不可替代的学习地点，必然有一个支撑在企业进行教学的教育理论。这就是企业教育学！然而，师范大学里却没有"企业教育学"这门课。企业要营利，不营利不叫企业，营利是企业的天职，而学校要育人，不育人不叫学校，育人是学校的天职。如何把企业营利的功利性与学校育人的公益性有机地整合在一起，对于职业教育来讲，是很不容易的。普通中小学的教学，也就是那十来门课的教学。而职业教育领域，中职专业现有386个，每一专业若平均开设10门课，那将多达3860门课！中高职学校加起来有1100多个专业，那有多少门课呢？若一个专业平均10门课的话，就有11000多门课！

其二，关于学习理论的范畴需要扩展。普通教育要讲学习心理学，而职业教育不仅要讲学习心理学，而且还要讲工作心理学、职业心理学。教育不能仅仅只是教会学生在学校里学习，在课桌旁学习，在老师的引导下学习。需要明晰的是，一个人的一生，在学校学习的时间是远少于工作的时间的。《国家职业教育改革实施方案》指出，职业教育要做到"三个对接"。其中一个叫"教学过程与生产过程对接"。这里的生产过程就是工作过程。工作过程作为应用知识的结构，我们在此基础上开发的工作过程系统化课程，将人文理性与工具理性进行了有机整合。这一课程开发范式，是中国职业教育在改革开放40多年以来，在广泛吸收世界各国课程开发成果和我们自己课程改革经验的基础上的一种创新。无论是在实践探索层面，还是在理论支撑层面，已形成了一整套开发方法和开发理论。我国作为全世界唯一的具有全部工业门类的国家，与之相适应，我国举办了世界上规模最大、体系最全的职业教育，也就为这一完整体系提供了充足的高素质的职业人才。工作过程系统化课程正是在培养这些人才的过程之中，中国职业教育的创新，是职业教育坚持产教融合、校企合作、工学结合、知行合一这一正确道路的创新。如果教育只是储存了很多理论知识，却不知道如何应用这些知识，不知道如何通过应用知识的过程，在既满足经济社会发展需要的同时，又借此来满足个性发展的需要，那就是纸上谈兵，很难真正实现自我发展，实现充分发挥自我价值的人生目标。

其三，关于元科学的范畴需要扩大。教育的基础科学，或者说教育的元科学是什么？普通教育的元科学就是教育科学。但是，职业教育的元科学，除了教育科学，还有职业科学。什么叫职业科学呢？这可是一门大学问。至少，职业指导和职业咨询，就属于职业科学的范畴。职业科学告诉我们，一个人的心理成熟度，跟他的职业成熟度紧密相关。职业科学还告诉我们，一个人是不可能胜任社会上所有职业的。这个职业适不适合你去干？是需要进行被国际上称为"职业性向测试"的检查的。职业咨询和职业指导，正是职业科学要研究的领域。但遗憾的是，现在我们的师范大学还没有关于职业科学的研究。仅就职业咨询和职业指导来说，就是一个大的基础工程，需要在大数据基础上建立起中国的"职业性向测试"系统。为避免误读，可以将"职业性向测试"改称为"职业倾向测试"。

综上所述，职业教育除了研究普通教育的所有问题，即"学校—学习—教育"之外，还要研究"企业—工作—职业"。这表明职业教育研究的领域，比普通教育多一倍。但是，职业教育竟然被人们看不起。实际上，职业教育作为一种不可替代的教育类型，其研究的领域不仅涵盖了普通教育研究的范畴，而且还超越了普通教育的研究领域，职业教育有着自己独特的研究领域。所以我多年来一直在呼吁，在学科分类上应将职业教育视为一级学科，应具有一级学科的地位，而不是普通教育的二级学科。普通教育研究的内容，职业教育全都研究，而职业教育研究的内容，普通教育却没有研究。在这个意义上，普通教育怎么是职业教育的上位学科呢？职业教育的运作，不仅涉及"学校—学习—教育"和"企业—工作—职业"这两大领域，而且还要善于在这两者之间架桥，架设一座互通有无的立交桥。这就是职业教育与普通教育的重大区别。这个区别用一个字表示，就是从"定"界的教育走向"跨"界的教育。一个跨界的教育必须有跨界的思考。

其次，要谈谈对《国家职业教育改革实施方案》的理解。

《国家职业教育改革实施方案》，俗称"职教20条"。这里我对"职教20条"的解读，应该说只是我的一些不成熟的理解。我以为，"职教20条"突显了职业教育的三大类型特征：第一是跨界，第二是整合，第三是重构。其类型特征主要体现为这三个关键词。

什么叫跨界？就是企业与学校的"联姻"。其指向为跨界合作，是职业教育协同育人的结构形式和办学格局。从一元结构走向跨界的双元结构的办学格局，是职业教育作为不可替代的类型教育的第一个特征。

什么是整合？就是产业与教育的链接。其指向为需求整合，是职业教育生存发展的功能定位和社会价值。从单一需求走向整合的双重需求的社会价值，是职业教育作为不可替代的类型教育的第二个特征。

什么是重构？就是共性与个性的并蓄。其指向为框架重构，是职业教育制度创新的设计方法和逻辑工具。从单维思维走向辩证的多维思维的逻辑工具，是职业教育作为不可替代的类型教育的第三个特征。

关于重构，需要多说一点。重构指的是：职业教育和普通教育都是教育，都要关注人的发展，这是教育的共性。但职业教育除了关注个性发展，还有一个重大的功能，就是要提升教育为经济社会发展服务的能力，要坚持以服务发展为宗旨、以促进就业为导向。这是职业教育的类型特征和价值功能所决定的，这也是普通教育不具有的。这就是职业教育的个性。因此，如何做到在保持教育共性的基础之上，彰显职业教育的个性，做到共性与个性的兼容并蓄呢？为此，职业教育作为类型教育的第三个特征的"重构"，就涉及职业教育的教育制度、机制如何体现这一个性？这里有与普通教育很多不一样的需要重构的制度。例如，关于"1+X"证书制度，关于学历证书和职业技能等级证书互通衔接、符合国情的国家资历框架制度，关于"文化素质+职业技能"的"职教高考"制度，关于职业教育"双师"型师资聘用、试用的制度，关于企业和学校工作人员相互兼职兼薪的制度，关于民办职业教育的准入、审批、退出制度，关于职业教育经费投入制度，关于职业教育国家奖学金制度，关于职业教育质量评价和督导评估制度，关于建立国务院职业教育工作部际联席会议制度，等等，都是重构的制度。

这三个类型特征，一是跨界，从空间来看，实现了教学地点从学校到企业的跨越，这起码是一种物理的变化。二是整合，从过程来看，实现了满足需求需要关注产业与教育两个方面的融通，这起码是一种化学的变化。三是重构，从结果来看，实现了制度建设要体现类型特征的建构，这就涉及结构的变化。任何改革，若没有结构的改革还不是真正的改革；任何创新，若没有结构的创新也不是真正的创新。所以结构的改变应是有机的改变，这起码是一种生物的变化。

经过认真分析和学习"职教20条"，我以为，"职教20条"在跨界方面，有十大举措；在整合方面，有十大政策；在重构方面，有十大制度。因为时间关系，这里就不再展开了。但这里需要指出的是，"职教20条"强调，职业教育要由参照普通教育的办学模式，向企业社会参与、专业特色鲜明的类型教育转变。所以，从事职业教育的同仁，应该有大大的自信。如前所述，令人欣慰的是，"职教20条"掷地有声地指出：没有职业教育现代化，就没有教育的现代化。所以，我也想说，没有西部职业教育的现代化，就没有西部教育的现代化。而没有职业教育的现代化，也就没有中国的现代化。

关于教育公平问题，是不是上不了普通高中，就不公平了呢？何谓教育公平呢？我觉得，最适合的教育就是最公平的教育。那什么叫最适合呢？我想，在人生的同一个节点，例如，初中毕业、高中毕业，由于人的智力类型不一样，今天上午杨东平教授也讲过，心理学一般把人分为两种智力类型，一是以逻辑思维为主的，一是以形象思维为主的。清华北大、清华附中北大附中的学生，往往逻辑思维较强，善于接受符号系统的公式、原理、概念等。而职业学校的学生，往往是以形象思维为主的，不善于接受符号系统。但整个学科体系主要是由符号系统构成的。给排斥符号系统的学生讲符号系统，不是学生笨，可能是我们"太笨"了。但还需指出的是，逻辑思维与形象思维，不代表智力水平的高低，只是智力类型的不同。所以，最适合的教育是给予个体以最适合其智力类型的教育。如此才是最公平的教育。这是第一种公平：类型的公平是最大的公平。

但也有人认为，你的孩子上普通高中了，我的孩子接受职业教育了，这不公平啊！怎么解决这一教育公平问题？我在这里要讲第二种关于教育公平的观点。这就是，在人生的不同节点，可提供多次机会选择的教育，才是最公平的教育。例如，中职毕业后出去工作了，但还有机会重新回到学校接受再教育，实现再学习。这里还需澄清一点，我在前面也谈过。即一个国家人口平均受教育的程度，应该是越高一些越好，但是，这个平均受教育程度，不是一次性完成的，而是多次性完成的。由此，若从幼儿园直接读到本科毕业，这样"一条路走到黑"的"高校毛入学率"，所学却不能所用，必将导致虽然接受了学校教育，已经成年了却没有社会阅历，没有职业经验，以至于直到本科毕业，还什么都不会。而当有了工作经历和生活经验之后，再回到学校学习，就能清晰地知道自己人生追求的目标是什么。所以，人均受教育程度高一些，不是一次性的而应是多次性完成的。

综上所述，职业教育的类型特征，决定了职业教育思考的双重维度：既要关注职业影响下的教育，又要关注教育影响下的职业。我们希望不从事职业教育的人，能理解职业教育的复杂程度是高于普通教育的。职业教育的改革与创新，既要经得起实践的检验，还要经得起哲学的考量。在职业教育发展和改革的进程中，经常会碰到一些似是而非的问题。例如，常常会出现这个专家说的挺对，那个专家说的也挺对，但这两个专家意见却是相反的现象。这是什么问题？就是一个哲学问题！其实，哲学并不复杂，就在我们身边。我以为，凡是似是而非的问题，一定要从哲学层面去破解。要理解伴随职业教育的困境或顺境而出现的种种问题，都需要我们深邃的哲学思考。

第三，要说说新形势下职业教育的当务。

什么是当务？就是当务之急的当务，就是现在迫切要做的事情。我认为，职业教育，包括西部地区的职业教育，在下述三大领域里不能缺位：一是在实体经济领域里不能缺位，二是在精准扶贫领域里不能缺位，三是在"一带一路"领域里不能缺位。而职业教育最终的落地，一定是课程。课程为王。没有课程，教育就无法落地。时间关系，在这里也不展开了。

不过，还想强调的一点是，中国职业教育面对未来如何继续前行呢？习近平总书记十九大报告中谈到职业教育，"完善职业教育和培训体系，深化产教融合、校企合作"，是职业教育未来发展的方向性纲领；国务院办公厅《关于深化产教融合的若干意见》，是职业教育未来发展的路径性指引；教育部等六部门关于印发《职业学校校企合作促进办法》的通知，是职业教育未来发展的操作性措施；而《国家职业教育改革实施方案》，则是职业教育未来发展的体系性规划。

当前，职业教育的紧迫工作，是李克强总理在2019年《政府工作报告》中提出的新的重大任务："就业优先政策要全面发力。就业是民生之本、财富之源。今年首次将就业优先政策置于宏观政策层面，旨在强化各方面重视就业、支持就业的导向。当前和今后一个时期，我国就业总量压力不减、结构性矛盾凸显，新的影响因素还在增加，必须把就业摆在更加突出位置。稳增长首要是为保就业。今年城镇新增就业要在实现预期目标的基础上，力争达到近几年的实际规模，既保障城镇劳动力就业，也为农业富余劳动力转移就业留出空间。只要就业稳、收入增，我们就更有底气。"

这是面对百年未有之大变局的大手笔：国家首次将就业列为除财政、货币之外的第三个手段。而能为国家排忧解难、解决就业问题的教育，就是职业教育。

职业教育的生源，不能只关注增量，更要关注存量。近年来，职业教育界经常说生源不够，而这个生源不够实际上总是指向应届生的。但应届生源是个定数，如对高职来说，其每年的生源主要来自普通高中800万、中职500万，总数为1300万。这些生源是劳动力的增量。但你知道我国现有劳动力的存量是多少吗？农民工28800万，退役军人5700多万，下岗职工目前1000多万，残障人士大概有8500万，总数加起来有4.4亿。劳动力的增量要升级，要掌握新技术，例如大数据、云计算、智能制造等。而数量巨大的劳动力存量则要优化。如果存量不优化，占中国总人口三分之一的4.4亿人，也就是劳动力的存量不优化的话，中华民族的复兴是无法实现的。这4.4亿人中，若初中或初中以下毕业的人占50%，就有2.2亿人；如果高中毕业的人占10%，也有4400万。这意味着，初中或初中以下的人，需要提升其文化程度和职业技能，更需要扩招。而如果高职每年扩招100万，也要扩招44年。所以，扩招绝不是权宜之计。

2018年12月，中央经济工作会议提出，"要把稳就业摆在突出位置，重点解决好高校毕业生、农民工、退役军人等群体就业"。2019年国家首次将就业作为宏观经济的第三种调控手段。而解决就业问题最有效的路径，就是大力发展职业教育。中职已经连续十年就业率超过95%，高职就业率已连续三年超过90%，超过了清华北大，超过了所有的"985"高校和"211"高校。职业教育所做的贡献，突出表现在我们国家的一线劳动力，其中70%都来自职业教育。真的，职业教育培养的学生，都在实实在在地为社会主义服务，在兢兢业业地为国家建设服务。遗憾的是媒体对此还缺乏大力的宣传。

如何有效地解决中央提出的六稳之首的稳就业问题呢？2019年《政府工作报告》提出了五项重大措施：一是开展职工技能提升与转岗专业培训。2019年将拿出1000亿元，培训1500万人。这就是劳动力存量的优化问题。五年内每年培训1000万人，五年总计培训5000万人。2019年教育部将承担一半任务，即750万。西部12个省区市也应该落实这项国家措施。二是鼓励更多应届高中毕业生和退役军人、下岗职工、农民工等报考高职院校。2019年高职院校要扩招100万人，这是一项非常重大且非常重要的国家任务。对于劳动力存量中那些未参加高考或者高考落榜者，国家允许其报考高职院校，这是过往从未有过的、促使劳动力存量优化的重大举措。三是中央财政将大幅增加对高职院校的投入，对高水平高职院校和高水平专业群的建设，国家将给予更多的资金投入，"双高"项目会有超过300亿元的投入。四是设立中等职业教育的国家奖学金。这是国家鼓励中等职业教育发展的重要措施。据了解，设立的中职国家奖学金，每年将奖励2万人，每人有6000元到8000元的资助。五是鼓励社会力量兴办职业教育。比如，国家将建设几万个具有举办职业教育资格的产教融合型企业，以及遴选、培育和规划职业教育培训评价组织等。

我还多次提出过，在社会普遍关注高职扩招的情况下，中职怎么办？实际上，《国家教育实施改革方案》的第二条就明确指出："积极招收初高中毕业未升学学生、退役军人、退役运动员、下岗职工、返乡农民工等接受中等职业教育。"所以，这一条的内容是绝不能被忽略的。对西部地区来说，这一条尤为重要。"职教20条"白纸黑字写的这段话，意味着不只是高职，中职更要扩招。

人才培养最为关键的措施，就是课程。现在，教育机构已经从学校拓展到企业了。德国人认为，所有的企业都有资格搞培训，但绝不意味着所有的企业都是有资格搞教育的。在德国只有五分之一到四分之一的企业有资格搞教育，这样的一些企业在德国被命名为"教育性企业"。为此，我们曾呼吁了十几年，建议赋予我国有资格的企业以教育机构的地位。现在，"职教20条"终于明确要实现建设几万个"产教融合型企业"的目标。这就意味着，教育机构已从学校扩展到了企业。但是，不管是学校还是企业，要为社会培养合格的毕业生，就必须为打算成为合格毕业生的学生提供合格的课程。课程始终是人才培养的核心。专业建设虽然很重要，但对专业的理解，全世界都不一样，而对课程的理解，却是一样的。普通教育学校的专业建设，往往是静态的间接经验演绎的结果，十年、二十年不变。而职业教育面对的是不断发生变化的技术，它促使劳动世界不断变化。职业教育的应用性在于获取直接经验，它是职业岗位或岗位群、职业群对从业者所需技能、知识归纳的结果。而这些岗位或岗位群、职业群是同步于技术变化的。由此，与之相应的职业教育内容的不断变化，就体现在课程上。课程是制定教材的依据。教材作为课程内容的载体，其内容要经过"解构"后重构在课程里。伴随着技术发展，课程也随之不断变化。可以说，课程是有生命的，教材是课程生命中的一段记录，或者说，教材是课程生命当中的一张照片。教材的改革创新，也是课程的改革与创新。

对应用型教育和职业教育来讲，学校是企业和社会所需要的人力资源的供给侧，为此要从企业和社会即人力资源的需求侧出发，找到课程开发的平台，再以此为基础，找到课程实施的平台，还要在这两个平台之间学会"架桥"。这座桥，就是我们常说的课程体系。显然，职业教育是一个跨界的教育，因而必须有跨界的文化，进而有跨界的课程。2006年国家示范性高职院校项目启动的时候，将课程开发的任务交给了我。当时，我根据跨界的思想建立了一个符合产教融合、校企合作要求的课程模型。这一模型力图显示，一方面企业对学校提出了要求，另一方面学校对企业也提出了要求，这是一种双向的要求而不是单向的。显然，这个模型不是一个开环系统，而应是一个闭环的系统，是一个具有反馈的、富有生命力的、生生不息的生态系统。什么样的课程能满足双向的要求，能体现这一课程模型的诉求呢？是学科课程吗？是综合课程吗？或者是模块课程，就是理论模块加实践模块的模块课程吗？或者，是问题课程，是任务课程，是项目课程吗？甚或是工作过程导向的课程吗？我就是搞课程开发的，上面罗列的课程我都比较熟悉。但这些课程是否能满足上述课程模型的要求呢？我以为，这些课程只是部分地满足了模型的要求。也有人说能力本位课程、成果导向课程能满足这一模型的要求。要回答这一问题，首先需要明确的是，课程开发的关键是结构而非内容。能力本位只是一种课程思想，不是结构。成果导向也不是新东西，20世纪五六十年代，就有成果导向的课程出现。问题在于，你说的是什么成果，是英文的output（产量），还是outcome（成果），或者是impact（效果）。举例来说，如果学校培养了100个学生，都毕业了，这是output的成果。而100个学生都毕业了，且都找到工作了，其中10个人成了大国工匠，这是outcome的成果，是impact的效果。一个不可忽视的认知是：任何成果或结果，都必须通过过程来实现。结果是不可能突变的。

那么，什么样的课程能实现这一模型的要求呢？值得高兴的是，自2006年开始，为实现这一模型所体现的应用型课程开发的思想，我们在实践和理论层面，到现在已经探究了13年。我们创新的这一课程开发范式，就是工作过程系统化课程。这一课程开发的范式，是我国职业教育在课程开发领域里的创新。现在不仅仅在高职，而且在中职，尤其是在应用型本科院校，不仅得到广泛应用，而且也取得了特别好的效果。关于工作过程系统化课程的开发方法及理论创新，我曾在美国讲过三次：在美国社区学院协会、美国州立大学协会、美国教育部都讲过。我与成都航空职业技术学院6个专业的14位老师一起，在德国6个城市讲过这一课程范式。我也曾应香港职业训练局邀请，在香港给职业教育的研究者和教师讲过这一课程如何开发。

工作过程系统化课程开发的宗旨，是人的全面发展，从某种意义上来说，甚至比清华、北大还关注人的可持续发展。但是，人的全面发展，不是海市蜃楼，不是空中楼阁，不是雾里看花，也不是水中捞月，而是以就业为导向、以职业为载体的人的全面发展。如果一个人连职业都没有，又怎么能发展自己呢？

工作过程系统化课程，其课程开发的平台或起点——岗位或岗位群，伴随技术发展所需要的能力的提升而在不断变化；由此，其课程实施的平台——课程体系、课程单元，也伴随技术发展，其教学内容在不断变化，进而工作过程系统化课程也随之同步变化。所以，从这个意义上来看，工作过程系统化，更关注企业的发展，更关注技术的发展，也就更关注人的发展。就是说，需求侧在变化，供给侧也随之变化，课程也就跟进变化。要把课程讲透，需要十个小时，今天由于时间限制无法展开，我们再找机会吧。

把升学视为人生唯一的成才路径，进而千军万马挤上升学独木桥，如前所述，无异于一种新科举。实际上，一个人在社会上立足进而获得成功，不是学位起作用，而是职业起作用。请问，比尔·盖茨有学位吗？乔布斯有学位吗？屠呦呦有学位吗？莫言有学位吗？莫言的原始学历只是小学四年级。马云有学位吗？据报载，说马云是经过三次高考才考上杭州师范学院英语专科的，后本科降分才进入本科学习。但现在马云已成为具有世界影响力的人。前些年，北大曾有一中文系学生，毕业后找不到工作，而现在却成为大富翁。是什么成就了他呢？是职业！他通过学屠宰、售猪肉，最终在职业中成就了自己。

所以，当《人民日报》《光明日报》记者问我，何谓职业的重要性时，我说，可用三句话来概括职业的重要性。第一句话，职业是个体融入社会的载体，没有职业这个载体，一个人不可能从一个自然人变成一个社会人；第二句话，职业是个体生涯发展的媒介，没有职业这个媒介，一个人不可能从一个自然人变成一个职业人；第三句话，职业是个体张扬的平台，没有职业这个平台，一个人不可能从一个自然人变成一个自在的人。三句话，从自然人到社会人，从自然人到职业人，从自然人到自在人，都是职业成就的结果。

最后还是要对中国西部地区职业教育发展提出几点建议。中国西部地区所包括的内蒙古、广西、重庆、四川、贵州、云南、西藏、陕西、甘肃、青海、宁夏、新疆等12个省、自治区和直辖市。土地面积681万平方公里，占全国总面积的71%；人口约3.5亿，占全国总人口的28%。西部地区疆域辽阔，但大部分地区经济还欠发达，是一个迫切需要加强开发的地区。西部地区还与蒙古、俄罗斯、塔吉克斯坦、哈萨克斯坦、吉尔吉斯斯坦、巴基斯坦、阿富汗、不丹、尼泊尔、印度、缅甸、老挝、越南等13个国家接壤，陆地边境线长达1.8万余公里，约占全国陆地边境线的91%；与东南亚许多国家隔海相望，大陆海岸线长达1595公里，约占全国海岸线的1/11。显然，西部地区的稳定和发展，在中国举足轻重。

职业教育作为与经济社会发展最为紧密的教育，如前所述，没有西部职业教育的现代化，就没有西部经济社会发展的现代化。为此，我提出四句话的建议。

第一，要统筹规划有利于西部民族经济相互融合发展的职教布局，促进民族和谐。

第二，要探索建立有利于西部职业教育相互协调的保障机构机制，促进资源共享。

第三，要协同开发有利于西部地区优势产业发展的专业课程资源，促进就业创业。

第四，要创新实施有利于西部致富振兴合作共赢的跨境职教项目，促进边境稳定。

西部地区各个民族的和谐共处，各种宗教的和谐共存，以及各种不同经济优势的协同互补，各种不同地形特点的综合开发，不仅要求西部地区省区市的职业教育发展不要各自为战，而且东中部地区要与西部地区的职业教育合作，最好也不要各自为战。如果能寻求一种机制，在西部地区实现在凸显各自特点的基础上，采取集团作战、协调发展的方式，做好统筹安排，将会形成一种集成效应。

总而言之，如果职业教育构建的仍然是一个基于学校范畴的教育体系，那么教育就必然远离经济社会的发展，违背现代教育产教融合、校企合作这一跨界、整合与重构的基本规律。国务院关于产教融合的要求，不仅仅是针对职业教育的，而是要求所有的教育，包括清华北大、清华附中北大附中等普通学校，所有教育都要搞好产教融合。

结论是：跳出教育看教育！怎样才能跳出教育看教育呢？我国古人极其睿智。古人早就说过了！看董卿主持的《中国诗词大会》，看撒贝宁主持的《经典咏流传》会发现，在中国古诗词里，早就把这个事情说清楚了，可我们竟然不知道。所以，不能只是教孩子背古诗词，作为教师，作为家长，还是要弄懂古诗词所彰显的智慧和哲思。为什么要跳出教育看教育？苏东坡说："不识庐山真面目，只缘身在此山中。"把庐山改成学校，不就是"不识学校真面目，只缘身在学校中"吗？而为什么要强调校企合作、工学结合呢？陆游说："纸上得来终觉浅，绝知此事要躬行。"在这里，若把"纸"改为"网"的话，那就是"网上得来终觉浅，绝知此事要躬行"。所以在当今时代，大数据、云计算、智能制造等改变了传统的人类职业劳动的形式或方式的时代，不能把技术看成目的，说得天花乱坠。技术不可能取代一切，包括慕课，也只是手段。如果技术能替代一切，那我们还要学校干什么？就让1000个好老师在网络上教不就完了嘛！再者，这个世界还要爹妈干什么？让1000个虎爸、虎妈在网上教不就完了嘛！没有任何教育能够替代人与人面对面的元生活经验的交流。学校、教师都是不可能被取代的。所以，在一个信息化的时代，作为父母、作为教师，对你的孩子、对你的学生，必须关注两个方面的教育，一是价值观的教育，一是方法论的教育。前者说的是：怎么做人，后者说的是：怎么做事。

展示一张天水伏羲庙的照片，是我昨天拍摄的。天水人杰地灵，伏羲是华夏民族的人文先始、创世神，而天水是伏羲诞生地。女娲是中国古神话中的创世女神，相传天水的陇城镇为女娲出生地。特别是，天水秦安大地湾遗址的发现，有可能将华夏文明向前推进3000年。这将使得中华文明可追溯至8000年前。作为一个中国人，我们应该为此感到自豪！

在结束今天的发言时，我给各位同仁念一段我填写的一首词《破阵子·2019年元旦感怀》。2018年的过去，2019年的到来，是中国发展历程中的一个时间节点。2018年是中国改革开放40年，2019年是新中国成立70周年，在中华民族复兴的路上，我们面临着百年未有之大变局，我将自己的感受融入这首词。

词的上片："应和斯年箫鼓，聆听今岁笙钟。四十暑寒强盛梦，七秩春秋崛起行。铿锵奔复兴！"中华民族的复兴，不是要称霸，而是恢复原有的水平和国力。美国建国时正是我国清朝后期最衰落的时期。所以中华民族的复兴是在做我们自己应该做的事情。

词的下片第一句是"着意河清海晏"。河清海晏，就是海晏河清，就是国泰民安。毛泽东主席在七律《送瘟神》讲过："红雨随心翻作浪，青山着意化为桥。"着意就是有意。然而，中国的复兴之路充满坎坷，这就是"却遭雾锁云横"。怎么办？一是要"击水会当通远岸"，这里化用了毛泽东的两句诗："自信人生二百年，会当水击三千里。"毛泽东年轻时在《沁园春·长沙》一词中也有过"到中流击水，浪遏飞舟"的豪言壮语。我们只要敢于与风浪搏斗，就能到达胜利的彼岸。二是要"霁雨方能见彩虹"。霁雨就是雨停了。只有雨停了，才能见到灿烂的彩虹。这里借用了歌手田震唱的《风雨彩虹铿锵玫瑰》，还有《阳光总在风雨后》这两首歌曲的寓意，是中国女足、中国女排队员最爱唱的歌。只有经风雨，才能见彩虹。词的最后一句为"扶摇举大鹏"。"扶摇"就是旋风。这里引用了《庄子·逍遥游》中的句子"大鹏展翅，扶摇而上九万里"。

当今世界，中国的经济发展，既要经历新技术带来的产业转型的洗礼，又要面临世界局势的扑朔迷离、波谲云诡。中国未来的前行道路，包括中国的职业教育，西部职业教育的发展，都要经历百年未有之大变局的考验。为此，对前进道路上将会出现的更多困难，必须有清醒的认识。但是，我们不忘初心，牢记使命，充满自信。经过坚持不懈的努力，相信我们能够成功。

就说到这儿，谢谢大家。

邢　晖

国家教育行政学院学术委员会主任

职业教育研究中心主任

新政策背景下职业教育"三变并举"

尊敬的各位领导、各位专家、各位老师、各位朋友：

大家下午好！

非常高兴、非常荣幸、非常感谢有这样一个机会，到美丽的天水来参加这个论坛。刚才姜老师做了一个主题性、引领性的演讲，我就做一个主题扩展呼应补充性的发言，主要是两个关键点，一个是职教"新政策背景"，一个是职校"三变并举"的应对。

一、职业教育新政策背景

新政策背景突出三个关键词："20条""扩招"和"扩训"。

第一个词是"20条"。2019年1月24日，国务院颁发了《国家职业教育改革实施方案》。这是改革开放以来的第五个重要文件，前四个文件都称《决定》，这次之所以称"改革实施方案"，表明有路线图、时间表和任务书，主要提出了20条重要的职教改革举措，所以简称"20条"。这显然表明政府抓职业教育，更加具体，更加接地气。它的重要立意，一是为了落实。要落实十九大报告精神，落实全国教育大会的精神，落实中国教育现代化2035，落实两办关于深化教育体制机制改革的决定。二是为了深化改革。一如既往、一以贯之、一脉相承地坚持了40年来职业教育以改革创新求发展的思路，提出了在新时代，职业教育如何进一步深化改革。"20条"内容丰富，创新点和亮点不少，有很多理论研究、政策拓深、实践探索的空间。所以"20条"就成为全国职业教育界当下的主旋律，最重要的政策背景。这是第一个新政策点。

第二个词叫"扩招"。源于2019年3月份，两会期间李克强总理代表国务院做政府工作报告时，在关乎国家的六大稳定之首的稳定和促进就业这个板块，比较大篇幅地谈到了职业教育。其中有这么两个数，一个是2019年全国的高职将扩招100万，扩招的对象除了我们习惯的传统的高中毕业生（含三校生）以外，还有退役军人、下岗职工、农民工等，后来也包含职业农民，这不仅仅是一个量的变化，还意味着高职的生源结构和招生方式等将会发生很大的变化。2019年的扩招就会出现两种情况，一个是面向学校的"应届校招生"，一个是面向社会的"多元社招生"。

第三个词是"扩训"。李克强总理在政府工作报告中还提到另一组数字，就是中央政府将从失业保险金中拿出1000个亿，2019年培训1500万人；后来以人力资源和社会保障部为主导，起草了一个重要文件，最终以国务院办公厅的名誉颁发了《职业技能提升行动方案（2019—2021）》，提出了"315"培训计划，就是用3年时间，政府投入1000亿，开展5000万人次的技能培训。这对于职业教育和培训机构应该说是很大的挑战，我给它概括成"扩训"。

目前，全国大约有10300所中职学校，1420多所独立设置的高职院校，还有更多的培训机构。"扩招"和"扩训"的历史使命和重要责任，这些机构义不容辞。这是我们面临的又一个新的重要背景。

稍微拓展一下"20条"。这个文本中8700字，前言和正文这两大部分，都有很深的内涵。我个人认为核心问题主要解决两件事，这两个核心点都是十九大报告的重要论述。第一是针对"要完善职业教育和培训体系"的要求，解决"如何完善体系"的问题，比如进行1+X试点，从教育学的意义来说，主要是书证融通。比如说，要解决学历证书和职业技能等级证书、职业资格证书、培训证书之间的互认互通互换的关系，提出并开展

"国家资历框架"试点，又有了"学分银行"这样的灵活管理制度。再比如，为了完善我国职业教育的制度体系，坚持了中等职业教育的基础和主体地位，继续坚持"在高中阶段保证职普招生比例大体相当"，高职可以尝试长学制培养，开展职业教育本科的试点，还有让一批高校转型为应用型的大学。再如，提出"育训结合"的要求，对于我们职业院校的功能将会发生很大的变化，这些甚至是很多新的概念、新的提法、新的举措，都是为了完善我国的职业教育和培训体系这样一个任务。

第二个要解决的问题，也是十九大报告中提到的，职业教育要"深化产教融合，校企合作"。这也是职业教育带有基础性、方向性、根本性、本质性的问题。那怎样深化呢？在"20条"中很大的亮点和突破，正是职业教育校企合作，产教融合。提出了要发现和培育数以万计的产教融合型企业，在此基础上，再选择认证300个产教融合型实训基地，还提出培育500个示范性产教融合型职教平台，还要培育100个国家级的产教融合型的教师培养培训基地，要形成多元办学格局，创建职业教育培训评价组织，实施1+X证书试点，普遍推行现代学徒制，探索股份制、混合所有制，等等。我个人认为，这都是围绕着怎样深化产教融合、校企合作这样一个话题展开的。

"20条"是一个承上启下的文件，它既是国家的顶层设计，也是指导各个行政部门及各省区市等地方政府，如何深化职业教育改革的一个重要的指南，怎么落地压实的指导性文件。所以继"20条"之后，关于"双高"的实施，关于1+X证书试点，关于产教融合型企业的遴选，关于国家级教师教学创新团队，已经颁发了十几个重要的文件。地方的比如河北省有"30条"，山东省有"10条"等；围绕着国家"20条"，部门、地方、行业、学校，都可能相继出台贯彻"20条"的具体文件和措施。特别要提的是，西部教育，特别是西部的职教，在这样一个机遇和挑战面前，我们到底如何做好我们自己的事情，我想各省各地各有高招。

二、职业院校"三变并举"的建议

第一个应对是实现"量变"。2019年整个高职院校要扩招100万,事实上2019年全国招生计划大概是496万,在过去368万多的基础上,扩招恐怕不仅是100万的问题。一是历史的分析。2006年职教也有大扩招,那时对大教育来说,扩张重点在高中阶段,扩招重心在职业教育;这一次扩张重点在高等教育了,但重心还是职教,说明国家关于大力发展职业教育的这个方针一直都没有改变。二是更高的站位。此次扩招,首先是完成延缓就业和提高劳动者素质的政治任务,招生任务完成得怎样,背后是严峻的考验和深刻的影响,最深刻的应该是倒逼院校改革。三是生源结构变化背后的挑战。这与"序变"相关了。这方面还想多说的是,我们西部是教育市场的大户,还是生源比较聚集的地方,在这个时候怎么样抢抓机遇,扩大我们学校的招生和在校生规模,以及扩大我们的学校生均规模,我个人认为这是一个很好的机遇,这叫量变。

第二个应对是主动"序变"。序变指的是结构性变化和调整。生源结构是一个显性的现象,其实背后将会带来很多的变化。比如扩招和扩训背后,院校功能结构要"育训结合",目标结构要学历与非学历结合,形式结构要全日制与非全日制结合,专业结构也要对接市场需求,比如"20条"要求的"在学前教育、护理、养老服务、健康服务、现代服务业等领域,扩大对初中毕业生实行中高职贯通培养的招生规模",听起来感到西部职业院校的学校布局结构也亟待调整。总之,针对过去长期以来学龄段化的、学历化的、全日制的、单纯学校化的倾向,要逐渐转向学龄段与非学龄段并举,学历与非学历并举,全日制与非全日制并举,学校与企业社区社会等并举。再比如,随着专业群的建设和完善,学校的治理结构、组织系统等都可能发生变化,还有职业院校的教师、课程、教材及教法等,如何主动应对这些功能性和结构性的变化，都是需要考虑的问题，这是第二变。

第三个应对是突出"质变"。这次高职扩招的口号是要有质量的扩招，公平和效率、规模和质量应该是对立统一的概念，我们不能光扩了量而忘了质。质量的问题我也归纳为"三个三"。一个是我们要抓住三个环节的标准，第二个是"三教"改革是提升质量的切入点，第三个是三个维度的影响质量的关键要素"142"框架结构。稍微再展开谈一下。

一是职教标准体系建设。没有标准就没有质量，这也是"20条"中的重点和亮点之一。我个人认为，改革开放40年以来，职业教育缺乏标准或者说标准体系不完善，是一个较大的缺憾，如果没有客观统一的国家层面的标准，行政指令就可能成为判断和决策的标准，也难免会出现主观和不被认同的情况。现在要构建和完善职业教育的宏观和微观要素国家标准，非常必要和重要。从职业院校的设置标准、校长和教师标准，到专业设置标准、实训基地建设标准、课程和教学标准、教材标准等，到1+X证书标准等。先有国家标准，这是最基本的要求，随后是否应该有地区标准和行业标准、学校标准？比如我们西部，根据我们自己的教育基础、产业结构和发展水平、我们学生的情况，是不是可以考虑自己的标准？比如国家的专业目录每五年要改一次，学校根据国家的目录每年进行一次修订，我们西部根据我们自己的区域特色，到底应该怎么修订，怎么调整？这是给我们提出来的问题之一，显然学校就应该有自己的标准。我认为，标准也应该是分层分类的，职业教育适合的就是最好的。

二是把教师、教材和教法这"三教"改革作为提升质量的重要突破口。关于教材，"20条"里有一句很重要的话，要倡导活页化和工作手册式的教材。现在正在开始试点的1+X证书、教材的呈现方式，基本上都是以活页式和工作手册式来做的。所以我建议我们西部省份的学校，有机会能参加这样的试点就积极参加，因为它体现了一个新的事物。

以上这两个方面的措施，都是"20条"中释放出来的信号，具体措施和要求也谈了不少，不再多说。第三点是我个人多年思考和研究的结果，简单陈述一下。

三是扭住"142"关键要素狠抓质变。所谓"142"结构是指，一个根本，四个关键，两个节点。时间关系，只能点点题了。一个根本是立德树人。党的十八大、十九大报告关于教育的第一句话都是，要把立德树人作为教育的根本任务。职业院校的立德树人，除了要体现2018年全教会提出的培养德智体美劳全面发展的社会主义建设者和接班人，更应突出职教特色，如更要注重劳动精神、职业精神、工匠精神和劳模精神的培养、渗透和结合；职业教育也要服务于全教育，如职业启蒙、职业体验和劳动综合教育等。

四个关键要素是，专业（群）、课程、师资和实训基地。这四个要素在教育学上不是同一个概念，但是它们之间的关系是你中有我，我中有你，相互支撑，相互促进的，体现在人才培养过程中，凸显职业教育的特色。专业（群）建设是一条主线，是学校发展的重要载体，也是教师教学生学的重要平台。当下我们的学校要抓住专业结构是否对接产业结构，是否满足两个需求。要建立适应产业结构变化的专业动态调整机制，课程建设是核心。课程在教育学中是最具实力的一个概念，它是一个核心的要素，课程的开发，课程的实施，课程的评价，条条道路通罗马。我们职校都知道，前两年是将教学诊断与改进作为一个抓手，来推进我们职教的质量提升，这次在"20条"里，强化了"三教"，教师、教材和教法，这也是一个切口，小的切口带来大的变化，顺应了我们如何培养适销对路的知识型、技能型和创新型人才的培养趋势，所以教什么、怎么教至关重要。

教师建设显然是关键。"20条"中的第12条是，多措并举打造"双师"型师资队伍，一共8句话。第一句说了教师的结构将会发生深刻的变化，将来我们职业院校的专业教师，更多的是从具有三年以上企业和社会实践经验的社会人中公开聘用，从2020年开始，原则上不再招收应届毕业生，当然我们现在的教师存量，80%—90%的老师都是三门生，有80%—90%的老师都不是师范毕业，这种情况怎么改善？国家提出了"双师"型的教师要达到50%，现在大概是36%，这个数字在不同地区也是相当不平衡的，比如申报"双高"的230个学校，他们的"双师"型教师比例，我看几乎都不低于80%，但是对于我们西部的学校，"双师"型教师的比例就偏低些。怎样培训教师、怎样激励教师、怎样考核教师等，"20条"里也说了很多办法，这里不多说。实训基地是条件。职业院校实训基地主要体现教学、应用性研究、生产、培训、考证、竞赛、创业等功能，"20条"中提到要建立300个产教融合型实训基地，还提到要探索实训基地的多种经营方式，应该说深化了职业院校跨界创建实训基地建设这件事。以上四个关键要素建设中，"五个对接"是核心指导思想和操作原则。

另外还有两个重要的节点：一个是校企合作，一个是信息技术。这两个要素都不是目的，但它们确实是职业教育最重要的必由之路和不可或缺的手段。而这恰恰是职业教育当下最薄弱的环节，也是难中之难。比如校企合作，是具有当代意义的职业教育40年的孜孜追求，党的十九大之后，以发改委为主导，从2017年颁布的关于深化产教融合的实施意见，六部委出台的校企合作实施办法，到2019年颁布的实施产教融合型企业的实施办法，对产教融合型企业和基地提出六条要求及组合式激励措施，这一连串的政策措施，推动了产教融合与校企合作的进程。总之，这两个要素都是非常大的话题，从政策上、理论上、实践上，从宏观上和微观上，从历史演变和现实未来等，太多的角度都有极大的空间去探讨。把校企合作和信息技术研究深了、透了，职业教育的类型特色和重要地位，应该会更加凸显。

时间关系，我的发言就到这儿，最后希望我们西部的职业教育越办越好！谢谢大家。

宋贤钧

兰州职业技术学院院长

新时代 新课程 新课堂

尊敬的各位领导、各位专家、各位同事：

职业教育作为一种教育类型，在用教育阻断贫困代际传递当中，发挥了不可替代的作用。职业教育如何落实"扶贫攻坚"国家战略，我认为最主要的是我们要做好自己的事情，就是要办好学、育好人，切实体现服务国家战略、融入区域经济、助推行业提升，切实体现服务发展、促进就业的导向。因此，今天我想以"新时代 新课程 新课堂"为主题进行汇报，就如何在新的技术框架下，做好课程改革、进行课堂变革做介绍。

我想从以下四个方面进行分享："新时代呼唤新课程、新课程需要新课堂""信息化、智能化、大数据助推课堂新变革""智慧校园、智慧教室、人工智能助推教育新形态""教育信息化的关键是师资队伍的建设"。

正如姜老师刚才讲的，技术不是万能的，我们不能指望一个技术或者一个平台，就能解决所有的教育教学问题，但是我们又不能不关注技术，为什么呢？因为每一次的科技革命都会引起工作革命，而应对工作革命，就需要教育的革命。不管你愿不愿意，未来已来，人工智能时代已经来临。人工智能时代需要怎样的劳动力？人工智能新时代可能更加强调"多元智能"和人工智能商数，更加强调"学习力、沟通力、创造力"，人工智能商数指的就是利用人工智能技术的能力。刚才两位老师讲了很多关于课程的概念，在以人工智能为代表的新技术下，要更好地体现课程就是我们教学的核心，因此新的课程就必须要有新的思维，课程内容要与新时代合拍，学习方式要符合新时代的特征。我们采用的方法也必须顺应潮流，充分利用信息化技术打造善教乐学的新课堂。通过人工智能技术使得学习内容更加丰富、更加精准、更加灵活、更加系统，逐步实现以学习者为中心，自主学习。

我们希望现在的课堂，教师在教学过程中通过一些新技术的利用，使得师生互动更多，使得学生获得感更多；我们希望新课堂能够德技并修、工学交替；我们希望在新课堂中学生能够实现个性学习，能够让学生学会学习。各位老师都知道，学习说到底是学生自己的事情，我们所做的工作就是要让学生以他自己的方式去学习，学会学习。

我们教师喜欢的工具，一定是简单、易用、免费的工具，这个时候我们教师的角色可能从管理者、传授者要向引导者、陪伴者、服务者去转变，因此我们教师更多的可能是希望点燃学生头脑中的精神之火，让他们发挥主观能动性，在探索的过程中，自己去学习，当然教学过程和教学评价需要依靠数据支撑，需要不断地完善相关机制。以后的好教师一定是对智能机器应用比较好的教师，或者把与人工智能机器的竞合关系处理得淋漓尽致的教师。把那些重复性的、标准化的、流程化的事情交给机器，人做什么？人做机器做不了的事情，人做那些最具有人的特点的事情，这里面我们现在可以探索的东西很多，比如说学生的学习力，学习力有两个含义，一个是树立终身学习的理念，另外一个是具有快速学习（专项学习）的能力，而后者越来越重要。

比起其他应用领域，教育领域信息化的应用要滞后一点，这里面有很多的因素，我们就说自己的问题，我们自己的问题是什么？我们自己的问题是对技术不敏感，对技术多少有些焦虑的心理，应用也就慢一拍。下一步我们希望利用一些新技术，尤其是人工智能技术，使我们的发展由理念化走向协同化，教学模式走向智能化，学习模式走向个性化，教学资源走向动态化开放化。当然我们一定要有这样的原则：无论技术怎么发达，甚至技术越是发达，人性越要绽放，教育越要回归育人本质。我们最终的目的是教书育人，目前包括人工智能在内，就是起到一个辅助的作用，起主要作用和主导作用的还是人。我们不是在炫技术，要更加关注学生的收获，学生的成长和进步。

教育信息化可以助推人才培养模式的改革。比如，我们职业院校正在做的现代学徒制探索，在1+X的尝试方面，真的能做很多实际的事情。教学信息化是教育信息化的主体工程，而教学智能化是教学信息化的必然趋势。没有职业教育的现代化，就没有教育的现代化。职业教育必须要在教育信息化进程中贡献自己的力量。这里我提到了教学智能化，一般认为教学的智能化包含四个方面的内容：教学工具智能化、教学内容智能化、教学管理智能化、教学监督与评价智能化。

目前已经有很多很好的移动教学工具，教师可以非常容易地去使用，使得自己的课堂变得丰富、轻松、有效，增加互动。智慧校园已经逐步多起来了，怎样评价它是否是一个好的智慧校园，可以用高职质量报告中提到的几点来看：能否做到制度管权、流程管事、过程可溯、绩效可测。信息技术现在已经很成熟，这为我们课堂变革提供了基础条件，使得我们现在做课堂变革倒相对非常容易。随着信息技术不断地改善，一些新的形态也出现了，比如"云端教室"和"云端学校"这样的概念，总之泛在化学习的这种环境已经被创设了，因而我们可以随时、随地、随想、随学。

最后我想也说一下师资，教师的教学能力决定了他的教学方式，在信息化推进课堂改革的时候，教师肯定是最关键的一个因素，甚至可以说有好教师才有好课堂，课堂要变化，教师先要变化。而职业教育是跨界的教育，这对教师的要求更高，对教师能力的提升也更迫切。各位知道，宝生部长在谈到课堂革命的时候说到了四点："心灵的革命、观念的革命、技术的革命和行动的革命。"这里面我认为技术的革命应该不是大家担心的，或者说技术确实已经为课堂革命奠定了非常好的基础，剩下的真的是考验我们良心、信心和决心的时候，要怎么变，该怎么变，我们希望同各位同仁一起，让观念变起来、资源用起来、课堂活起来、评价使起来，把我们自己的事情做好。应该说前途光明，任重道远，我们一起努力。

谢谢大家！

文春帆

成都市教育科学研究院职业教育研究所所长

坚持文化融合创新培养方式，"9+3"免费职业教育脱贫的成都实践

各位代表：

非常荣幸有机会在西部教育论坛当中，跟大家来交流职业教育的话题。对于职业教育我有三个基本观点，第一是职业教育的重要性，没有职业教育就没有中国教育，没有职业教育现代化，就没有中国现代教育化。第二是职业教育的独特性，作为类型教育，不仅要满足经济发展的需要，还要满足不同类型人才的发展需要。第三是职业教育的不可替代性，也跟我今天发言题目有关，阻断贫困的代际传递，职业教育发挥了非常独特的作用。

今天我跟大家分享的题目是《坚持文化融合创新培养方式，"9+3"免费职业教育脱贫的成都实践》。我将从贫困的定义、扶贫的挑战、经验的产生及时代的诉求几个方面分享我的一些思考。

一、贫困的定义：一维到多维的转变

在传统的视野里面，贫困即经济贫困。比如，经济学之父亚当·斯密就在《国富论》中指出："一个人是富还是穷，依照他所能享受的生活必需品、便利品和娱乐品的多少和品质而定。"1901年，英国用"获得维持体力的最低需要的购物篮子"计算贫困线，其中包括了基本食物、住房、衣着、燃料和其他杂物支出。世界银行1990年在以"贫困问题"为主题的《1990年

世界发展报告》中，则将贫困界定为"缺少达到最低生活水准的能力"。

在现代的视野中，贫困不仅是指经济贫困，还包括文化、健康、个体发展、社会支持与参与等多方面的低水平状况。1959年，美国学者刘易斯首次提出"贫困文化"的概念，其主要表现为人们强烈的宿命感、无助感和自卑感。而世界银行在《2000／2001年世界发展报告》中则将对贫困的理解从狭义推向广义："贫困除了物质上的匮乏、低水平的教育和健康外，还包括风险和面临风险时的脆弱性，以及不能表达自身的需求和缺乏影响力。"

对贫困理解的改变，也让扶贫的目标更为多元。从联合国千年发展目标的"消灭极端贫穷和饥饿"到联合国《2030年可持续发展议程》的第1个目标"消除一切形式的贫困"，扶贫所要面临的不只是贫困人口缺乏收入和资源导致难以维持生计的状况，还包含饥饿和营养不良、无法充分获得教育和其他基本公共服务、受社会歧视和排斥以及无法参与决策等多方面的挑战。教育在扶贫中的作用则愈加明显，正如习近平总书记指出，"治贫先治愚，扶贫先扶智。教育是阻断贫困代际传递的治本之策"。联合国《2030年可持续发展议程》中的第4个目标就是"优质教育"，并强调教育是实现其他诸多可持续发展目标的关键。贫困的定义从一维走向多维，教育必将更加凸显其治本之策的功能地位。

二、扶贫的挑战：时空到个体的交织

消除贫困是人类共同的愿望，新中国成立70年来，中国始终把消除贫困、改善民生和实现共同富裕作为宗旨，成为全球最早实现联合国千年发展目标中减贫目标的发展中国家。中国的成功实践，为解决这一世界性难题贡献了独特的中国智慧，提供了可靠的中国方案，但我们也要清醒地看到，中国扶贫的任务依然艰巨，从时空到个体的挑战依然存在，尤其表现在西部地区。

由于生态环境、人力资本、经济水平与结构、基础设施以及非制度因素等多方面约束，西部地区消除贫困的挑战尤为突出，贫困人口分布超全国半数。《2009年中国农村贫困监测报告》显示，西部地区贫困人数基数大，贫困发生率高，且超50%贫困人口分布在民族自治地区，其贫困发生率是全国的4倍。以四川甘孜、阿坝、凉山三州为例，2017年人均生产总值与2008年比较——阿坝地区是2008年的3.72倍，甘孜州是2008年的2.23倍，凉山州是2008年的2.37倍，但2017年甘阿凉三州人均生产总值之和还未超过成都。同时，我们还可以看到，民族扶贫县7—15岁儿童失学原因中，"自己不愿意"上学成为主因，超50%劳动力的文化程度在小学及以下，超80%劳动力分布在第一产业。扶贫的挑战是从时空到个体的交织，不仅表现在贫困地区在时间、空间上与脱贫地区的巨大差距，更表现在个体发展的不充足、不平衡。

四川是全国贫困人口超过500万的6个省区之一，藏区、彝区是全国贫困类型最多元、致贫原因最复杂、脱贫任务最艰巨的地区，"一步跨千年"，深度贫困与自然条件、民族宗教、社会治理等因素交织在一起。四川省统计局有关资料显示，45个深度贫困县中，属于民族地区的县（市）达到44个，所占比重为97.8%；地区生产总值仅为23.51亿元，比全省平均水平低88.4%；人均地区生产总值为21375元，仅为全省平均水平的47.9%；群众人均受教育年限不足6年，农村青壮年劳动力文盲、半文盲率高达23.48%；少数民族地区农村居民初中以上文化仅占14.2%。

三、经验的产生：政策到常态的演变

"州内打基础，内地学技能""一人成才，全家脱贫"是四川省委、省政府在免费中等职业教育计划（即"9+3"教育）实践中探索出来的民族地区人才培养和教育脱贫新路。从2009年起，四川省委、省政府先后在藏区、彝区及集中连片特困地区启动实施了"9+3"教育。11年的实践，"9+

3"教育已成为教育扶贫的典范与国家支持推广的模式。每年惠及1万余名学生，承担"9+3"教育的学校均为三州外省级重点以上的优质学校。

"9+3"教育通过职业教育独特的育人功能，让民族地区的孩子实现了更好、更充足的发展，从而通过个体发展带动家庭脱贫。职业教育是与经济发展联系最为紧密的教育类型，发达地区聚集着更多的优质职业教育资源，向贫困地区开放成都优质职教资源，支持民族地区的孩子获得更加适宜的教育，体现了创新、协调、绿色、开放、共享的发展理念。目前，成都市承担全省"9+3"计划任务的1/3，共招收11645人，目前在校生有2861人，毕业学生就业率超过98%。回顾和反思"9+3"教育的成都实践，重点在于充分发挥职业教育的功能和优势，坚持文化融合、创新培养方式。结合本次会议的主题，就相关情况与思考作简要汇报。

（一）良好的制度设计是"9+3"教育成功的基础

良好的制度设计要充分彰显对人的关怀，对人发展权益的尊重和保护。在时间逻辑上，制度既要兼顾当下与未来，处理好教育投入与教育受益、招生与就业的关系；从空间逻辑上，要处理好城市与农村的关系，包括文化的差异、经济的差异、生活方式的差异；从主体逻辑来说，要处理好政府和个体的关系，努力让政策倡导变为个人自觉。一是"9+3"学生全部免除学费，并提供生活补助和交通、住宿等相关补助，每生每年总计7000多元，享受与学校驻地城镇居民同等医疗保障。二是招生上充分体现地区经济需要。以满足州内技术技能人才和专业需求为重点，适度扩大学前教育、医护、旅游、畜牧业和民族文化等专业招生规模。三是就业保障突出个体发展需要。通过"学生自主择业、学校指导就业、企业吸纳就业、回乡干部招录、部队选征入伍、高职单招升学"等多种途径，让学生留得下，回得去，上得来。截至2015年，全省已有3000多名"9+3"学生被招录（聘）到藏区基层政府机关和事业单位。

（二）文化融合发展是"9+3"教育的价值体现

实现文化融合是让"9+3"教育常态长效的价值基础。要利用城市的就

用教育阻断贫困代际传递

业资源促进民族学生充分就业，必须加强文化间的交流，促进学生对城市文明认同和心理融入，实现文化融合。一是着力理论研究，成立"9+3"免费教育计划教育教学研究室，推动文化融合发展从观念价值走向教育教学实践。二是着力氛围营造，构建"各美其美、美美与共"的校园文化氛围，不断促进学生间的文化理解、文化适应。三是着力教学改革，构建体现文化融合教育理念的教学策略体系，创设多元文化情境，渗透民族文化元素，增加跨文化体验。四是着力多元参与，提升教师多元文化教育能力，支持少数民族地区干部、双语优秀教师到学校参与教育管理工作，推行"混班混住"，促进学生互爱互助。

（三）职业教育课程是"9+3"教育的实施载体

课程是职业教育政策的核心内容，具有定向性、应用性及整体性的特点，构建起了个体、学校与社会之间的联系。"9+3"教育的课程也必须在保留职业教育课程特点的基础上，通过创设多元文化情境、渗透民族文化元素、增加跨文化体验等方式突出文化融合，进行课程再造，达到思想性、融合性、技能性、发展性的统一，培养出有理想信念、有文化共识、有技术技能、有更好发展的职业教育人才。一是突出思政课程首位作用，引领学生爱党爱国。积极开展党情、国情、省情、市情教育，引导学生追求思想和政治进步。截至2016年，全市"9+3"学生有997人递交入党申请书，278人被批准为入党积极分子。学生代表朗色在"永远跟党走育人事迹报告会"上发言，并受到刘延东副总理的接见。二是突出五项教育的融合作用，以多元文化理念为重点实施民族团结教育，与爱国教育、法治教育、文明教育、感恩教育形成合力，推动学生携手成长。三是突出工作能力的核心地位，构建技能训练体系。着眼学生实践能力，综合开发"技术型学科课程""核心课程"，使知识中心向知识功能转化，适应"9+3"学生的文化基础水平。仅2011年，19名"9+3"学生在国家级技能大赛上获奖。突出分层分类教育教学，夯实学生文化基础。入校即对"9+3"学生的文化基础进行摸底，独立编班进行文化基础补习，并逐步分批编入正常教学班。2019年，全市128名"9+3"学生升入高职院校。

（四）现代治理能力是"9+3"教育成功的保障

政府的管理水平是政策能否持续推进、久久为功的关键。"9+3"教育成功实施最重要的保障是政府现代治理能力的提升，教育行政职能的转变，将"高层决策，中层管理，基层执行"的传统教育管理模式转变为政府、学校、市场以及教师、学生、家长等共同参与的多方共治模式。一是高位推进，部门联动，市委、市政府将"9+3"教育工作始终作为"一把手"工程，成立以市领导为组长的"9+3"教育工作领导小组和就业协调小组，与区（市）县签订工作责任书。二是跨区协同，同频共振，在招生宣传、生源组织、教育教学、就业指导上，全方位构建与藏区、彝区教育主管部门的联系协调机制。三是校际互联，家校相牵，建立"9+3"学校联席会议制度，形成师生间、学生间的帮扶机制；实施家校联系，持续开展暑期家访，达成教育共识。

"9+3"教育的成效是明显的。一是学有所教，民族地区孩子受教育年限得到了增加，选择职业教育的孩子更多了。实施仅三年，2011年藏区初中毕业生升学率由2008年的70.0%提高到2011年的91.5%，提高21.5个百分点；职普比由2.6∶7.4提高到2011年4.8∶5.2，均达到全省平均水平。二是学有所用，大批"9+3"教育毕业生通过回乡招录就业政策返回到家乡，发挥所长，投入家乡的扶贫事业。甘孜州从2012年至2016年，面向"9+3"教育应届毕业生招录乡镇公务员401人，聘用乡镇事业单位专业技术人员达到1703人。三是学有所成，通过"9+3"教育，民族贫困地区的孩子实现了个体更好的发展。仅2014级和2015级凉山"9+3"教育毕业生就有1660人升学。从汽车4S店月薪5000元的尼玛德吉到中国首位藏族地铁女司机肖芳，从返乡扶贫的基层公务员杨忠甲到现在月收入超过之前全家年收入的次尔旦珠。"职教一人、就业一个、脱贫一家"从政策走向了常态。康定市新都桥镇村民阿多深有感触地说："过去藏族人喜欢置办些金银、水貂皮，给娃娃留些家产。而现在大家看重的是谁家娃娃考上大学，找到好工作。我们这些农牧民家庭的娃娃学习成绩不太好，考大学没希望，'9+3'正是适合他们的路。"

四、时代的诉求："有学上"到"上好学"

西部地区生态环境复杂、经济发展不均衡、少数民族聚居，扶贫具有更多现实挑战。四川"9+3"教育作为全国首创，是第一次在省域范围内系统设计、整体推进的前瞻性教育综合改革试验，是教育扶贫中国经验的现实写照。作为区域中心城市，"9+3"教育的成都实践体现了国家中心城市的责任担当，彰显了公平正义，让贫困家庭对教育有了更多的获得感，让贫穷地区学生在职业、身份、文化上融入城市生活，让他们知识不再匮乏、精神不再委顿，破除了充满宿命感、无助感和自卑感的贫困文化，真正拔掉了穷根。回顾总结"9+3"教育的成都实践，得益于坚持"开放协调、共享发展"的发展理念，坚持"各美其美、美美与共"的文化观念，坚持"德技并修、工学结合"的育人机制，坚持"共同参与、多方共治"的实现路径。

在职业教育发展从规模到质量转型升级的今天，如何让民族贫困地区从"有学上"到"上好学"，从"学有所教"到"学有优教"？如何让政策与理论研究相互牵引、相互促进，让有效经验可以复制优化，持续推广，让政策久久为功，常态常效？如何对学生成长和家庭脱贫开展持续性跟踪研究，真正探清教育尤其是职业教育在阻断贫困代际传递的作用机制，这其中，还有很多问题在困扰着我们。瞄着问题走，追着问题去，相信在诸位的共同努力下，教育扶贫的中国经验可以更好地走向世界，职业教育可以更好地回应人民对教育的美好期待，真正"让每一个孩子都对自己有信心、对未来有希望"。

谢谢。

王　屹

南宁师范大学职业技术学院院长

职普比的起与伏

　　非常感谢组委会给我这样一个机会，也非常感谢我们姜老师的推荐，我是来自广西南宁师范大学的王屹。我查了一下，南宁到天水的距离是2650公里，我应该是参加这次会议的代表中，距离比较远的地区代表，但是今天我还是想跟大家分享一下关于职普比的起与伏这一话题，这是我通过对西部12个省区市进行横向比较而得出的结论，同时也结合了我们广西这么多年的实践，跟大家一起做一个汇报和交流。我想这个话题刚才姜老师已经讲过了，四位专家已经说得非常到位，尤其是我们姜老师对于这一话题已经做了很好的诠释，国家人力资源政策导向、未来发展的方向，以及中等职业教育发展等，都是国家的战略问题。关于这些战略问题，我们怎么样更好地把它表现出来。我们认为职普比的协调和发展是一项重要的指标，这几十年的发展呈现出起和伏的曲线发展，并且经历了普通教育是一家独大、职普比大体相当以及职业教育略占优势，接下来又经历了普通高中崛起，到现在中等职业教育是处于恢复性增长期。广西的职普比始终处于大体相当的状态，而全国很多省区市的职普比情况却不尽相同。

　　下面我想重点谈一下我们西部地区在整个的发展过程中，职普比的起和伏呈现出普通教育和中职教育此消彼长的发展趋势，在这里我提出影响一个地区职普比的三因素分析方法。

　　三个因素包括制度层面因素、市场层面因素以及原生经济社会发展层面的因素。

　　首先，制度层面因素。制度层面因素主要是在政策逻辑下，以教育部门的政策为导向，人为地将普通教育和中等职业教育的生源进行分流，就像今天上午那位领导所说，有一位教育厅厅长感觉很头疼，因为有家长不断地上访，孩子没有机会，只能读中职。从制度层面来进行分流，就限定了普通高中能招多少学生，中职能招多少人，也正因为受制度层面因素的影响，主观上确保了中职的生源，所以就呈现出人为性和强制性的政策色彩。

第二是市场层面的因素。在生源配制的逻辑下，通过学生自主选择高中普通教育还是中等职业教育，从而形成职普比，表现出自然性和自由性的色彩。

第三个是原生经济社会发展的因素。这个因素是基于一个地区的社会经济类型和状况，以及对职业教育的认同度和人才需求的饱和度，从而影响职普比。这就是我们所说的职业教育的吸引力的问题。

基于此，我认为职普比不是简单的统一标准，也不是衡量我们职业教育发展的绝对标准，只是相对于高中阶段的普通教育而言，两者是否能够达成协调的程度。因此，客观上讲，我认为职普比在教育发展的不同阶段也会有所变化，在整个经济发展好的时候，中等职业教育生源就很好；当经济不好的时候，生源也会受到影响。还有社会经济这一因素，比如经济发达地区现在有两种情况，一种情况是像江苏、浙江、上海，尤其像上海、北京这些一线城市，据我了解这些地区现在的职普比已经达到二八比例了，也就是说20%—30%的学生选择职业教育，绝大部分选择了普通教育。但是江苏省却存在着不同于其他地方的特点，比如说张家港市，张家港某一中职校长跟我说，他那里的初中毕业生首选就是中专，为什么？因为张家港有关的企业，尤其是涉外的企业特别多，对职业教育毕业生的需求也特别大。中职毕业生成为中外合资企业竞争的智力资源，而且毕业生的年薪一般达到20万元。这样老百姓一看，感觉选择读职业教育更好一些，所以张家港市的中专生源源源不断。

因此，像张家港这样的地方，选择读中专的初中毕业生比较多。从我们广西的实际情况来看，2019年广西中等职业教育的生源特别好，为什么生源好？也是因为这几年我们拓宽了中职生学业发展的渠道，比如说如果中职学校毕业学生想选择读高职的话，可以给你读高职的机会，并且还有机会读本科，这就是所谓的"直升本科"，而且直升本科的比例逐年在提高。前些年，我们每年有2000个指标，2020年将会提升到5000个指标。另外，广西现在中职学生的就业率持续达到98.5%以上，而且随着广西职业教育政策的不断推进，广西中职学生的就业质量也会越来越好，所以我说职普比是因时、因地、因人变化的，广西是最好的印证。特别是随着教育观念的不断改变，老百姓以前对职业教育的认识还是存在着误区，但是现在情况有了很大的变化。我曾经跟一个中职的校长聊天，他说："有些孩子想读学前教育专业，过去中考成绩是B级或者是C级的才考虑进入中专，今年有很多达到B+等级的学生报考，甚至有一些A等级的学生也愿意选择我们中职学校。"这位校长特别自豪地说："过去教育局领导根本不会主动找我们的，今年我们的电话已经被打爆了。"所以说这位校长深刻地感觉到中等职业教育的整个形势已经发生了很大变化，当然这一转变也有我们自身的因素。

我分析了西部地区12个省区市职普比的情况，通过调研我们发现西部各省（区市）整体的职普比都是接近1，但是没有达到绝对的1∶1。从个体而言，西部各省（区市）的差距还是比较大，比如广西和四川的职普比高于其他省市，能够更加接近大体相当。从发展的轨迹来看，四川、广西、新疆、内蒙古的职普比发展态势比较平稳，但是西藏职普比起伏比较大，且整体低于全国水平。

在此，我来介绍一下广西职普比的一些情况。广西这几年职普比呈现出比较好的发展势头，一直处在大体相当的状态，尤其是近些年广西中职学校的招生人数都稳定在25万—29万之间。

另外，我们说职普比下降表明我们中等职业教育的招生数呈现略为下降的趋势，也就是说普通高中招生数略为增加。但是广西的职普比范围还是处在0.72—0.89之间，这个数据客观上可以通过广西这些年教学成果奖来进行佐证。2018年我们广西总共有15个项目获得国家教学成果奖，其中中职获得2个一等奖，一等奖并列全国第一，高职也有1个一等奖，一共有3个一等奖，全国范围内并列第四，中高职获奖总数在全国排第6位。此外，广西2014年获奖总数是22个，在全国排第六，其中中职拿了14个，有1个一等奖，中职并列全国第一。从这两届国家级教学成果奖的获奖数量和等级来看，我们广西职业教育的教学质量还不错，虽然我们是西部地区，但是我们对职业教育的质量要求很高。广西的GDP在全国排在第19位，但是职业教育却排在全国的中上水平，因此发达地区经济引领职业教育，而我们广西是职业教育助推经济发展。所以职普比大体相当的广西方式是，在政策引领下，人为进行生源的合理分流，这样科学、合理地控制职普比，实现职业教育与普通教育的协调发展。

此外，我们可以思考一下：职普比大体相当作为一个职业教育的概念，是否对每一个地区都有实实在在的意义，我认为答案是肯定的。因为我们说这个是整个国家层面的国策，但是对于不同的地区、不同的地方存在着不同的比例，同时也会因地因时因人存在着差异。可以说，各个地方的情况不一样，我们要根据各个地方不同的情况来有所区别。目的是能够有效地促进我们整个职业教育更加健康、稳定的发展。

分论坛三：西部学前教育发展问题及解决方案

史耀疆

陕西师范大学教育实验经济研究所所长

投资婴幼儿早期发展，是推动中国西部经济增长
最具公平与效率的公共政策

谢谢会议邀请我来做报告。我的报告的题目是《投资婴幼儿早期发展，是推动中国西部经济增长最具公平与效率的公共政策》。

为什么要关注婴幼儿0—3岁阶段早期发展？研究表明，在3岁前我们大脑的认知和发育就完成了80%。过去认知科学研究指出大脑神经突触链接，在3岁前每一秒钟的链接大概是1000次，最新的认知科学的发展已经完全把这个概念颠覆了。从出生到2岁，在人脑重量不断增加的同时，每秒钟有100万个神经细胞突触链接发生。儿童早期发展是人力资本培育发展的关键，也是阻断贫困代际传递的根本途径。

今天我的报告分为四部分：我国经济发展展望；西部农村人力资本储备现状；公共政策模拟行动研究；源头投入：婴幼儿早期发展。

一、我国经济发展展望

第一，我国经济发展有一个铁规律，直接从事农业的人口不超过10%。改革开放40多年，从80%的人从事农业，现在已经降到了接近30%的人在直接从事农业。今天中国已经走到了中高收入国家的行列里，但是要成为一个发达国家，不那么容易。因为越往后，难度和强度越来越大。

第二次世界大战以后，从1950年到目前为止，从发展中国家迈向高等

收入国家的只有13个，其他的国家都是冲到这周围的时候又掉下来了，比如我们所说的拉美陷阱。后来的道路越来越难，我们研究中国人力资本形成与发展的现状，以及理解教育的问题，从经济学的要素角度来看，经济学研究教育的问题任何时候都要考虑五个要素：教师、设施、课程、学杂费、学生质量。我们中国婴幼儿阶段教育系统要素的投入几乎是零。国家在卫生健康领域有一些投入，但是在教育领域这块几乎没有投入，包括幼儿师资的问题，现在设施好很多了，但课程、师资、学费都是有很大问题的。

二、西部农村人力资本储备现状

我们快速回顾一下农村地区人力资本面临的挑战到底有多大，从大学到婴幼儿的每一个阶段。我们使用2013年600万考生参加全国高考的数据进行分析，从城市学生和贫困地区孩子上大学的比例看，城市是农村的8倍，如果以"211"高校统计，城市是农村的21倍，这是大学阶段的差距。在高中阶段，城市中90%以上的孩子都能上高中，城市里的人受高中教育的程度已经超过美国，但贫困农村地区远远不够（同期只有不到70%）。我们再看看义务教育阶段怎么样，调研数据显示，即使同一个县里，县城的孩子和农村的孩子在三年级的时候已经产生了0.7个标准差，到六年级的时候，同一个县城中县城的孩子和农村的孩子已经超过了1个标准差，1个标准差代表了他们的学业表现差距是两年。这种差距从何而来？除了我们刚才讲的教育的五要素之外，还有一个问题，学生的营养也是一个大问题。今天早晨邵鸿主席讲，我们现在给孩子每天4元钱的营养餐，这远远不够，我们知道西北地区很多学生是回族，4元只能买一两牛肉，这怎么能满足孩子生长发育的基本能量需求呢？

最近一段时间我一直在研究《国家的启蒙》这本书。日本是从一百多年前的1890年就开始做营养改善工程，一直到1991年他们还在不断地改进。我们发展到今天中国已经是世界第二大经济体了，但学生的营养状况远不达标，如果学生贫血了，这就意味着他大脑里的氧气输送不过去，一堂课有40分钟，他可能只有15分钟的时间能够集中注意力听课。

除了营养状况，农村学生视力怎么样呢？这是我们在天水和榆林做的项目，对四年级学生进行调查时问小学校长，你们的孩子有没有近视？校长和老师都回答，我们这里的孩子没有这个问题，但我们请专业医生来给学生做了视力测试，发现25%的四年级学生已经近视了，但是近视的孩子中只有16%的孩子有眼镜，大部分已经近视的孩子没有眼镜，他们看不清、学不好，未来学业表现越来越差，这将有可能产生厌学情绪，最坏的结果就是最终辍学。

我们再看，他们的学习基础技能——阅读发展怎么样。这是全球有54个国家参与的一个阅读测试，我们把它的标准英文测试量表翻译为中文，在我们调研的农村地区也做了这样一个测试，看看我们的阅读处在什么水平。我们贫困农村地区孩子的阅读水平在参加测试的54个国家和地区是倒数第二。大量研究表明，阅读能力不仅仅是从传统方面来看对知识掌握有影响，它对孩子的自信心、创造力也有影响。

在学习资源方面，还存在城乡之间数字化鸿沟。在AI时代到来的今天，我们农村学生在信息技术教育这块与城市的差距还是很大。

三、公共政策模拟行动研究

刚才我从大学到婴幼儿的每个阶段谈到了西部农村教育面临的严重挑战。那么，我们就在考虑怎么做一个社会实验，怎么做一个低成本有效的干预，同时产生一套能推广的方法。面对教育问题需要开展"政策模拟行动研究"，开展有中国特色的社会实验，寻找解决方案。

我们的所有项目采用的方法叫作随机干预实验，因为在座也有很多
NGO（非政府组织），很多时候大家做项目会说，要想检验做项目的真实影
响，首先要进行匹配，保证A和C是完全统计应用上的"双胞胎"。随机干
预实验是度量因果关系的"黄金准则"，干预组和对照组在结果上的差异可
以完全归因于干预措施。

四、源头投入：婴幼儿早期发展

再往早期看，婴幼儿时期的发展，包括听觉、视觉、语言等八个方面
的能力发展，到3岁就开始衰减了，最重要的发展窗口期就是从怀孕到3岁
这一阶段，因为有些功能在以后就关闭了。我们做了三个省0—3岁农村婴
幼儿认知发展能力的测试，发现农村婴幼儿认知发展的滞后比例达到50%
左右。

我们从婴幼儿阶段举例来说，人的大脑的发育一部分是基因决定的，
另一部分是营养和养育来决定的。并且现代的认知科学大量地证明，基于
后天的营养和养育的结合，共同促进人的大脑的发展，最终影响人一生的
行为、健康和学业表现。

我们看赫克曼曲线，这是测算人力资本与回报的曲线，诺奖得主赫克
曼和他的团队研究发现，0—3岁的人力资本投入是回报最好的时期，越到
成人回报越低，可见大脑发育在这个阶段是非常重要的时期。

现在我们看政府教育资源投入的现状，我国GDP的4.2%投入了教育，
当然每个阶段都很重要，但在婴幼儿大脑发育最关键的时期在教育上的投
入是零，包括学龄前这个阶段的投资回报也是非常高的，0—3岁投资回报
是1∶17，学龄前阶段是1∶8，但这两个阶段反而是我们教育投入最低的
时期。

我们从2012年开始就一直在做婴幼儿早期发展阶段的行动干预，一是

做营养，二是做养育，三是做婴幼儿早期发展活动中心。

在贫困地区秦巴山区，我们发现贫困儿童6个月后的贫血率达到49%，他们的认知滞后比例达到29%，这个比例是高一点，但不算太过分。因为在城市里，即使在北京也有15%的人认知滞后，人群中自然有一些人比较滞后，这没有办法。但是农村地区的问题在于，在这些孩子6—11个月的时候，他们中有29%是认知滞后，但到30个月的时候，高达58%的孩子滞后了，这是因为他们的养育和营养没有跟上，说明年龄越大这些孩子越差。社会情感的发育也是一样，到了3岁的时候，他们社会情感发育滞后比例高达53%。

我们第一阶段的行动干预实验，是在174个乡镇21个县351个村开展的，一个干预组是给微量元素营养补充包，我们看看如何改善这些地区的孩子们的状况。6个月的时候给孩子营养包的干预结果表明对降低贫血有效，对孩子认知能力改善也是有效的，但到6个月之后就没有影响了，所以，孩子需要的不仅仅是营养，还要有养育环境的刺激。因为我们知道农村地区的家长很爱他们的孩子，但是并不知道怎么养育自己的孩子。我们来看在美国做的一个研究，对领低保家庭的孩子和白领家庭的孩子进行一个统计，记录这些孩子每天说的词汇量，结果是到3岁的时候，穷人家孩子和富人家孩子的词汇量差距达到900个词。我们贫困农村地区的每个家长都很爱他们的孩子，他们干活的时候背着孩子，打麻将的时候抱着孩子，但是他们不知道怎么养育自己的孩子。我们调查的2000个孩子中，只有2个家长用绘本给孩子讲过故事。

我们第二个阶段是开发养育婴幼儿早期发展活动的一套教材，教材的中英文版也分别获得了版权认证，根据婴幼儿发展的不同月龄段，总共有248个活动，针对孩子的认知、语言、运动、社会情感四个方面的能力。开发这套教材并不容易，我们请了儿童心理学家等40余位专业人员，用了18个月的时间做出教材。这也是目前在牙买加实验后，在发展中国家第一次做出这样一套针对农村贫困地区的婴幼儿早期发展活动指南。每个月有8个活动，每周有2个活动，活动是针对孩子的语言、运动、认知、社会情感的游戏。

有了课程，老师哪里来呢？我们第一批在陕西南部培养了70位基层计生干部入户指导，最早我们是想走一条探索基层计生干部转型的道路，但项目还没做完，100万计生干部队伍已经全部转岗了。我们请经过培训的养育师入户指导，结果表明对婴幼儿认知、社会情感、语言、运动都有影响。我们重点看这个影响，如果这个监护人是奶奶的话，这个项目影响为零，如果这个监护人是妈妈的话，监护人影响是0.47个标准差，这是很大的影响。我们入户调研过程中，也遇到过类似的现实问题，我们问奶奶怎么养育孩子，奶奶会说我已经养育过很多的孩子，不需要你教我什么。但如果是妈妈，我们说你把孩子的认知得分从88变成99，将会改变这个孩子一生的命运，这些话年轻妈妈是可以理解的。

接下来第三阶段，入户指导后我们探索了"村级养育中心"模式，在秦巴山区对100个村进行了实验，这是根据我们的统计功效计算出来的需要的样本数，随机分配50个村是干预组，50个村是对照组。我们覆盖了3个市21个县建立了50个婴幼儿早期发展活动中心，50个干预村，50个对照村，干预组村就是在每个村建60—80平方米的中心，有集体活动的区域，有养育师"一对一"指导家长和孩子玩亲子活动课程内容的区域。

结果是干预一年后，对孩子认知得分提高0.23个标准差。简单来讲，我们的干预是孩子开始的时候他的得分是多少，干预之后孩子的得分基本没有变化；对照组如果没有这样的干预，孩子认知、社会情感的得分一直在降低。我们的项目不是说把孩子变聪明了，而是让孩子保持了他生下来时原有的潜能。孩子生下来的智商是100，通过读绘本、玩游戏的活动让孩子保持了基本的技能，我们并没有让孩子变聪明，但如果不干预，他们智商会越来越低。

第四阶段，我们正在宁陕探索全县覆盖模式。未来我们希望在680个集中连片贫困区推广"宁陕模式"，我们做了测算，总共花170亿元就能解决680个集中连片贫困区所有孩子的养育问题。

为什么投资婴幼儿早期发展是兼具公平与效率的政策呢?

第一，投资回报很高。美国赫克曼教授测算，佩里计划婴幼儿回报率达到1:16，在中国最低测算是1:7，最高测算是1:15，这些仅是经济方面的回报测算，并不包括人的社会情感发展等方面的测算。

第二，这是阻断贫困代际传递的根本途径，这是最好的预分配，我们现在所说的扶贫政策都是再分配过程，都不是预分配。

第三，我们说AI时代也对人力资本的发展提出更高的要求，我们希望中国未来能够成为一个发达国家，但是要从娃娃抓起。

谢谢大家。

陈世联

重庆师范大学教育科学学院教授

以学前教育事业投入与学前教育质量阻断贫困

各位领导、各位专家、各位老师：

大家下午好！

我汇报的题目是：以学前教育事业投入与学前教育质量阻断贫困。我将从三个方面进行汇报。

一、阻断西部贫困需要用教育

据中国第六次人口普查数据分析，0—3岁儿童，有一半在农村，因早期养育没跟上，两三岁儿童的认知能力明显低于平均水平。

中国集中连片贫困地区人口超过2亿，儿童超过4000万。虽然这个总数只占全国同龄儿童的16%，但绝对数是很大的。这些儿童普遍面临营养不良、养育缺失、学前教育资源短缺等问题。

斯坦福大学"农村教育行动计划"的研究结果显示，农村学前儿童的"教育准备"远落后于城市儿童。

阻断贫困最需要的是什么？最佳途径是什么？答案就是教育。

消除贫困是全球关注的目标和议题，而投资儿童早期发展是消除贫困的根本途径。儿童早期发展应该成为国家反贫困战略和可持续发展的重要组成部分。

联合国教科文组织原总干事伊琳娜·博科娃说过，教育是消除贫困的"最佳保证"，是"从出发点开始创造公平的环境"。投资学前教育比投资任何其他阶段的教育都拥有更大的回报，并且没有遗憾，这大概是政策制定和发展议程中被宣传的最少的事实之一。"我们的最大财富是我们的人力资源，是我们的儿童，要保护这种资源。投资于儿童就会有繁荣、公平、光明的未来。"

二、学前教育事业需要高投入

为什么需要投资儿童早期发展或者学前教育呢？而且还需要高投入，有三点理由。

第一，人力资本比物质财富更重要。在21世纪，各国财富不以物质财富为定义标准，它取决于各国培养其人力资本的能力。使所有儿童在他们的生命之初享有平等、强大的幼儿保育和教育带来的益处，这符合我们所有人的最大利益。早期教育与保育是对国家财富进行的投资。为什么这么说呢？

第二，学前教育的投入是为国家积累财富而不是增加财富负担。美国佩里学前研究计划显示，早期受益于保育与教育的儿童在40岁时投资的总体回报率高达1∶17.07，其中，对幼儿个体的回报率为1∶1.417，对社会的回报率为1∶12.9。著名智库兰德公司在2008年发布《幼儿政策经济学》的研究报告，其政策倡议部分指出，"有越来越多的声音呼吁增加针对学前阶段的公共投资，它们来自财富500强、诺奖得主以及其他的商界领袖"，比如2019年中国华为总裁任正非就在专访中专门谈到了教育问题和人力资本投入的问题。而"收益—成本分析"和"弥补范式向预防范式的转型"将引领越来越多的政府投资项目的出台。

那对学前教育领域的投入主要偏向什么呢？

第三，对弱势幼儿的早期投资是既公平又有效率的政策。这是著名经济学家、诺贝尔奖获得者赫克曼的观点。

儿童保育和教育可以改善儿童的发展，"预防好于干预""干预好于补救"。赫克曼多次批评包括美国在内的一些发达国家"后期的补救方面投得过多，早期预防方面投得过少"。为什么早期预防方面需要高投入？我们来看一条曲线。这就是著名的赫克曼曲线，投资学龄前阶段将获得高回报率。

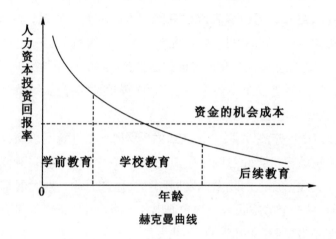

赫克曼曲线

2017年，赫克曼团队向美国国家经济研究局提交的工作论文发布了最新实证研究报告，在将各个领域的成本和收益货币化之后，估计出针对弱势家庭的幼儿项目基本回报为每年13.7%。这一回报意味着6年左右即可实现翻番，大大高于美国"战后到2008年股票市场的平均收益"。

所以，赫克曼在《人力资本政策》中明确提出，将人力资本的投入直接指向幼儿是对社会资金的更有效的利用。

三、学前教育发展需要提质量

在学前教育领域是不是有高投入就一定有高回报呢？不！如果我们期望投入有高回报，那需要有质量的学前保育与教育。

第一，我们要认识到学前保育和教育的巨大价值。全美儿童健康与人类发展协会（NICHD）对1991年出生的1364个新生儿开展的研究表明：在公立机构中，低收入家庭儿童得到更高质量的保育，保育的质量能预测儿童发展的成果：语言、学业、社会技能。

从短期效益看，可以提高儿童的入学水平，有效预防未来的学业失败。从长期效益看，可以极大地提高国家人口的教育质量，降低失业率，减少犯罪和人生失败的比例。从宏观效益看，在缓解贫困—就业—育儿之间的矛盾，促进社会稳定与和谐发展方面具有独特的社会贡献。

第二，幼儿期是一个不可等待、不可逆转的时期，从受教育机会与教育质量看，质量和机会同等重要。

全民教育全球监测发现："正在致力于保障所有儿童受教育权利的众多国家，因偏重教育机会而忽视了质量问题。""一味地扩展服务范围而缺乏对于质量的关注，那么幼儿个体发展和社会生产力的长期发展都无法从中获益。"幼儿从一个劣质服务机构中退出并不能弥补所遭受的机会损失；而如果持续接受劣质服务的话，对幼儿发展的损害将会更大。所以经合组织得出一个结论，这个结论是"学龄前的保教服务能够使儿童、家长乃至整个社会受益，但受益的程度取决于项目的'质量'"。赫克曼的研究也在多处表达了对早期项目质量方面的重视，以政策倡议为主旨的文献常反复出现"高质量的早期干预"。

那如何解决这个问题呢？最佳做法是将学前教育计划（比如，学前三年行动计划）与国家扶贫攻坚战略结合起来，将公共资金投向最易受到伤害和处境不利的幼儿，以确保他们能够接受有质量保证的保育和教育。

第三，从"筑建国家财富"的高度看待学前教育。这是国际社会越来越广泛认同的理念，发展学前教育实际上已成为很多国家社会和人力资源的最佳发展领域。重视学前教育就是重视国家未来竞争力。诸多发达国家经验表明，市场经济调节并不适用于学前教育事业发展（因为它不能解决教育公平问题，也不能保证教育质量问题），充足的国家公共财政投入才能确保学前教育质量，并且提高学前教育公平的水准。所以，我在这里提出：政府不仅仅是学前教育经费保障的投入者，还是学前教育事业发展的驱动者。

第四，从师资队伍看，专业的教师队伍是学前保育和教育质量的保障。幼儿教育师资的专业素养和工作态度是保教质量的关键因素之一，而一个国家的幼教师资政策（包括聘任制度、培训制度、工资待遇、工作条件等）往往决定着教师队伍的整体素质。今天上午全国政协邵鸿副主席也谈到了这个问题，从他那个层面提到这一点，我当时心潮澎湃。著名的经济学家、诺贝尔奖获得者贝克尔教授有一个观点，他认为教育和培训是最重要的人力资本投入。发展中国家普遍存在着幼教师资严重不足和专业水平低下的问题。因此，最重要的是需要"通过人事政策提高质量"，以吸引和留住训练有素的保教人员。所以，在学前师资队伍上要注意这两个问题，我们发现中国普遍在这方面做得不够好，或者做得不到位。所以，我们的幼教师资缺口很大，流失率很高。

第五，从存在问题看，要重视学前保育和教育的质量问题。这些质量问题主要表现为物质环境质量、课程方案质量、教育观念质量、师幼互动质量、机构管理质量、社区参与质量。解决问题之道：可持续发展规划、资金投入使用效能、教育质量监控评估。下面我讲四点具体措施：

1. 加大中央和省级政府（而不是区县级政府）的统筹力度和投入力度。省级政府的公共资源配置能力远强于区县级政府，同时他们打赢扶贫攻坚战、阻断贫困代际传递的责任也更大。当然，中央政府的统筹把控能力也要强于省级政府。

2. 需求侧的实际比供给侧的服务扩张与政策扶植更重要。我国实践中过度依靠供给端扩大服务范围的做法是存在较大改进空间的，且偏离理想的政策目标的情况时有发生。从资金投入看，世界银行指出，直接针对有需求家庭的早期干预机制，其资金投入使用效能要高于供给端的扶植政策。

3. 实施项目制试点，关注处境不利地区儿童与教育质量。我国学前教育出现的保育和教育质量问题，主要出现在经济发展落后地区和儿童处境不利地区之中。世界诸多发达国家以中央财政投入为主，设立各种面向处境不利地区和各种处于不利境地的儿童的早期保育和教育综合服务项目，以保障这些儿童的基本发展和受教育权。我国也从官方层面对处境不利地区儿童提供了诸多干预和服务，但从效能看不如一些非官方或者民间团体实施的项目精准到位，即便有好效果也没有实证研究得来的效果。比如，中国婴幼儿早期发展干预"养育未来"项目（2014年始），干预重点是儿童营养与养育方式。联合国儿基会-教育部"爱生幼儿园"项目（2015年始），干预重点是师资培训与幼儿学习资助。中非合作建设和平与可持续未来"游戏与抗逆力"项目（2017年始），干预重点是留守儿童和流动儿童游戏。中国农业大学"乡村社区大学"项目（2014年始），干预重点是幼儿园家长。通过项目制试点，结合质量监控评估与实证研究数据，总结经验并推广，这也不失为一种好办法。这样做，还可以切实提高处境不利地区的儿童保育和教育质量。

4. 未来会来，以未来意识培养未来的人。在可持续发展规划中，往往考虑的是政策、体制与机制等，容易忽略的是面向未来的人与育人的可持续发展规划。当下的"教育已经一头闯入了一个全新的时代：历史上第一次，它在为一个尚未存在的社会培养新人。而这个未来社会所面临的挑战如此巨大，以至于今天的学校教育必须立即展开新的挖潜运动——身体挖潜、文化挖潜、科技挖潜、大脑挖潜、心灵挖潜……不能不关心未来，未来的重要性已经前所未有地凸显出来。需要为未来做准备，甚至参与创造未来"。未来意识给教育增添新视角、拓展新思路、注入新观念。我们需要以一种全新的视角来看待教育，在教育中既关注已知，也关注未知，需要一种更具"未来智慧"的教育视角，尤其要重视儿童非认知能力的培养。意大利的瑞吉欧方案教学、美国的高宽课程和STEM教育（科学—技术—工程—数学）、中国的安吉游戏，就是以未来意识培养未来的人！

上午程介明教授也谈到了这一点，这里我就不多阐释了。谢谢各位。

马思延

思可教育集团、七田真国际教育CEO

帮助每个受教育者"成就最好的自己"

尊敬的各位领导、各位嘉宾、教育界的各位同仁：

大家下午好！

我叫马思延，出生在大西北，成长在天水隔壁的宝鸡地区。20世纪80年代末，我毕业于北京大学物理系，在清华大学攻读研究生后赴海外工作。我的职业经历比较简单，在国内时半工半读参与了方正集团的创立，去海外后加入世界最大的金融资讯公司彭博社，一口气工作了近十七年。期间读了MBA，也做过博士研究。2009年，我回国创立了思可教育集团。与在座的前辈相比，用网上那句流行语，我属于"半路出家，跨界打劫"，所以格外珍惜今天的机会。衷心感谢教育三十人论坛的邀请，期待能与大家一起商讨中国教育的问题，为中国、为西部地区做一点儿贡献。

在企业经营管理中，有个词"跨界创新"，还有个词"后发优势"，我想我算两者兼备。既跨界又后发的我有什么创新和优势呢？第一，作为理科生，我很有逻辑。任何事情必须科学，必须简单，必须有效。一个理论或方法如果没有科学依据，如果太复杂，或者不切实际、没有被实践证明就不值得推广。第二，作为中年创业者，我有一定的职场经验和人脉积累。从事教育可以不骄不躁，沉下心来思考，把握好方向，不随波逐流。

下面，我围绕今天的主题谈谈自己的看法。

教育的最终目标是什么？肯定不是为了挣多少钱，不是为了当多大的官，甚至不是为了去北大、清华读书，我认为教育的最终目标应该是帮助每个受教育者"成就最好的自己"。具体说来分三步：首先，激发兴趣，培养爱好，找到一个或几个既喜欢又对社会有意义的事情；其次，帮助把最喜欢的变成最擅长的；最后，走到社会上，把最喜欢最擅长的变为他们的职业。前两步就是教育应该做到的事。昨天晚上在麦积山教育夜话里我听到了几位前辈发表了和我类似的观点，我觉得很欣慰。

纵观今天的社会，有多少人有自己最喜欢的事情，有多少人把最喜欢的变成最擅长的，有多少人的职业是最喜欢最擅长的事呢？答案是少之又少。我记得曾看过一个调查报告，80%—90%的人对自己的工作没有激情！没有激情就很难变得擅长，既没激情又不擅长，就很难有幸福感。为什么会出现这种现象呢？原因在于孩提时代受到的教育。比如，从小没有得到健康的身体、干事缺乏精力，或者抗挫性、主动性等人格培养方面有欠缺，或者基础能力没有得到及时开发，长大后想学也学不好。我有一位脑神经科学家朋友，提出了五大能力是所有认知能力的基础，即反应力、注意力、自控力、记忆力、思维能力。这些能力都需要从小培养，就像盖大楼一样要先把基础打好。

那家长为什么会在育儿中犯这些错误呢？第一是缺乏意识。不少人拒绝承认自己的孩子具有天赋，不尊重孩子的个性。第二是错过时机。不重视早期开发，觉得孩子上学很累，上学前好好玩，等到学龄后才学习。第三是方式错误。用一种老套的严格管教的方式逼迫孩子学习。第四是随波逐流。别人学什么就跟着学什么，不注意自己孩子的特性。这些问题是贯穿教育阶段的基础问题，但正如史教授刚才的分享，教育最有效的阶段在学前！这一点有大量的事实证明，很多脑神经科学的研究也证明0—3岁、3—6岁的孩子大脑的可塑性最强。

思可教育集团专注于幼儿早期教育。我们立志为孩子将来成就最好的自我，在幼儿期打下一个身体、智力、人格的基础。我们专注一项事业：幼儿教育事业。面对两类对象：家长和孩子，教育家长、培养孩子。采取三种途径：一是在发达地区发展创造合理利润，实现企业可持续的发展；

二是向社会大众积极、无偿宣传先进的教育理念；三是尽我们所能，到欠发达地区参与教育扶贫。我们思可集团有两个品牌，一个是小王子语言教育，一个是七田真。七田真有60多年历史，在全球有700多家早期教育中心，遍布20多个国家，培养出的各类人才已经活跃在科技、金融、政治、艺术、体育等很多方面。十年前，我把七田真带入中国，现在已经发展到90余家教学中心，大多数分布在一、二线城市。作为幼儿园教育的补充，我们采取亲子式，一个班6个孩子，一周一至两次课程，每节课中有15—20个根据大脑敏感期开发的游戏，和孩子玩游戏的过程中培养他们的能力。十年中，我们获得了很多荣誉。

上个月我刚从英国考察回来，见到了不少社会上层人士，包括教授、大臣、爵士、首富等。我发现他们绝大多数毕业于剑桥大学和牛津大学，他们的父母绝大多数毕业于剑桥大学和牛津大学，他们的孩子绝大多数仍然毕业于剑桥大学和牛津大学。这让我想起一个特别有名的纪录片《人生七年》，从1956年一直追踪到今天，发现一个很残酷的事实：英国社会阶层已经固化，穷人的孩子就要受穷，富人的孩子继续富有。

举办北京奥运会的2008年，也是思可教育集团成立的前一年，我在陕西发起了"思可助学基金"。迄今为止，我们已经在小学、初中、高中、大学资助了近300名学生，将近600人次。最近我回到家乡进入了几个乡镇幼儿园，尝试智力扶贫，把一线城市、二线城市上的课程原模原样搬到乡村幼儿园。短短几个星期和孩子进行互动、对家长进行教育，已经看到几十个孩子在刚才说的基础认知领域，尤其是可以外化的记忆力领域，能力有明显的提高。

作为企业家，我愿意在力所能及的范围内组织更多的志愿者去更多的乡村幼儿园，帮助在西北地区即祖国的欠发达地区培养更多的孩子，影响更多的家长。

"他山之石，可以攻玉"。成功的早期教育离不开各位领导同仁的支持和帮助，我希望更多愿意接触国内外先进教育理念和方法的乡村教育机构来参与我们的活动，希望教育界的同仁一起把各自先进的教育理念和方法引进到乡村来。集中方方面面的力量形成合力，切断贫困的代际传递。

在思可教育集团，我们有个梦想，就是"让孩子脚下的每一寸土地，都成为他们才能觉醒的地方"。这每一寸土地当然也包括西部地区。

各位同仁，基础教育关乎国家和民族的未来，早在20世纪初梁启超先生就呼吁，"故今日之责任，不在他人，而全在我少年。少年智则国智，少年富则国富，少年强则国强，少年独立则国独立，少年自由则国自由，少年进步则国进步"。但是使少年智、富、强、独立、自由、进步的根基还在基础教育，这就是我们的使命。我想从今日开始，从西部地区开始，从我们自己的企业开始，加倍努力，关注西部早期教育工作，把工作做好做强，让落后地区富强才是真正的富强。

最后祝愿西部地区的孩子茁壮成长，祝愿西部地区的人们生活更加美满安康，祝愿论坛圆满成功。谢谢！

李俊丽

山西省芮城县教育科技局

《指南》引领下幼儿园课程模式改革的芮城实践

各位专家、各位嘉宾：

大家下午好！我来自山西省芮城县，今天我和大家交流一下我们县近年来改革幼儿园课程模式的一些做法。

我们芮城县位于山西省西南端，全县现有幼儿园61所，在园幼儿11000余人。我县先后被评为山西省幼儿教育先进县，全国幼儿教育先进县。2012年10月，教育部颁布了《3—6岁儿童学习与发展指南》（以下简称《指南》），同年12月，我县被省教育厅确定为"山西省《指南》实验区"，2016年2月，我县又被教育部确定为"国家学前教育改革发展实验区"（全国共36个，我县承担了两项国家试点任务，其中之一是"贯彻落实《指南》"）。

《指南》指出：幼儿的学习是以直接经验为基础，在游戏和日常生活中进行的。作为省级和国家级双重身份的《指南》实验区，如何改变全县幼儿园"重上课""轻游戏"，以教师为中心的现状，把《指南》精神落实在保教实践中，实现以儿童为中心、以游戏为基本活动呢？2013年，我县制定了以"自主游戏"为突破口贯彻落实《指南》的实验路线图，开始在全县进行了一场把游戏还给儿童的课程革命。经过近7年的改革，现在，我县幼儿园课程模式由过去的直接教学转变为游戏模式，幼儿园真正回归了儿童本位，初步实现了"以游戏为基本活动"。

下面，我从五个方面与大家进行交流。

一、改变幼儿园"小学化"的空间功能定位，保证儿童有地方玩

"以游戏为基本活动"这句话写进了教育部，包括中共中央国务院关于学前教育的诸多文件中。这就表明幼儿园应该是孩子游戏的地方，但实践中，大家却把幼儿园变成了孩子集中接受"小学化"知识技能的场所，孩子在幼儿园里几乎就没有游戏。为把游戏的权利还给孩子，我县课程改革首先从改变幼儿园的空间布局开始的。

（一）室内：创设自由游戏的活动空间

《指南》颁布以前，全县幼儿园教室内桌椅以"排排坐"的形式摆放，仅有的几个玩具柜靠墙放在教室的后边。玩具柜里放着几个小筐，是老师让玩孩子才能玩的雪花片等插塑类玩具。全县幼儿园教室里几乎没有活动区域，教室就是每天老师给孩子"上课"的地方。针对这种现状，我县课程改革的切入点就从改变教室桌椅"排排坐"的空间结构开始。

我们要求全县幼儿园要合理地规划活动室空间，每个班级创设有家庭区、积木区、美工区、玩具区、图书区等五大基本活动区域。区域之间要注意动静分开并相互贯通，便于幼儿自由游戏。比如，家庭区和积木区两个区域比较喧闹，可以相邻；图书区要靠近窗户，要温馨舒适，吸引幼儿进行阅读；美工区要靠近水源，便于幼儿调配颜料并进行清洗；家庭区和美工区可以相邻，便于幼儿使用美工区材料来制作家庭区的食材。室内比较宽敞的，每个区域各占教室单独空间；室内面积有限的，家庭区和积木区两个区域单独规划固定空间，其他区如图书区、玩具区、美工区不占用固定空间，材料柜靠墙放置，区域活动时，孩子在桌面上或地面上进行。还可以利用休息室创设积木区等喧闹区域或图书区等安静区域。

在区域创设上，我们还要求幼儿园可以利用走廊及楼梯空间创设木工区、表演区等比较喧闹的区域，或利用走廊创设以废旧品和自然材料为主的材料超市区。有条件的幼儿园可以创设小厨房、科学探究室、图书室、美工游戏室、表演游戏室等专门的室内公共区域。

这个改变，让全县幼儿园在教室空间布局上去掉了"小学化"，让教室成为幼儿自由游戏的场所，以此推动教师去改变"小学化"的教育行为。

（二）户外：创设多样化的自由活动空间

《指南》颁布以前，全县幼儿园户外活动是以教师组织的高结构体育游戏活动为主的，类型单一，几乎没有幼儿的自由运动游戏，更没有户外装扮、建构、沙水等类型的游戏。

针对这种现状，我们提出全县幼儿园户外空间功能定位：户外空间应当是"游戏场"，而不仅仅是"运动场"，并对户外空间规划提出以下要求：

1. 创设自主创造性游戏空间。相对于室内，户外对幼儿有更大的吸引力。为了满足幼儿户外游戏的需求，我们要求幼儿园要因地制宜地规划多样化的游戏空间，创设沙水区、泥巴区、大型搭建区、涂画区、音乐区、表演游戏区、角色游戏区及种植区等多种多样的自主创造性活动区域，以满足幼儿户外自主游戏的需求。

比如，涂画区。我们利用贴有瓷砖的大块墙面创设了涂画区。孩子们通过多种感官感受颜料泼洒、渲染与混合，并在涂鸦墙的上边安装了冲洗水管，便于孩子玩完后清洗墙面，还把原来教室的黑板也创设成了粉笔涂画区。除墙面的涂鸦外，我们还开发出多样的涂鸦介质，如废旧鞋子、手套、石头、木桩、瓶罐等，增加感知的变化，让幼儿自由涂画，充分表达表现。再比如，搭建区。我们利用户外大块平整的铺有草坪的地面创设搭建区。孩子们用亿童积木、炭烧积木、PVC管子、纸箱子、奶粉桶等进行搭建、构造，既充分体验建构游戏的乐趣，又通过建构积累了幼儿的数、量、形与空间感受等数学经验以及象征能力的发展。

沙水区、泥巴区这些自然材料孩子特别爱玩。我们把水源引进了沙池，孩子们沙水混合着玩，挖沙、掏洞、塑型，在玩中感知沙水的特性。泥巴区，孩子们用水和泥、玩泥、捏泥，充分地感知泥巴。孩子们用沙水泥这些自然材料玩任何想象的游戏，充分满足了幼儿自由创造的乐趣。

2. 创设自由运动游戏区域空间。针对当前幼儿体质普遍下降和幼儿园重教学游戏、轻幼儿自发的自由游戏的现状，我县把锻炼幼儿大肌肉动作的自由运动游戏作为了户外游戏的重中之重。在户外创设了多种自由运动游戏区域。如民间游戏区，跳绳、跳皮筋、滚铁环、打陀螺、打沙包、打剪子、踩高跷、荡秋千、跳格子等民间自由运动游戏都开展起来了，让幼儿在自由自主的传统民间体育游戏中既锻炼了身体，又体验到游戏的快乐和满足。球区，我们把篮球、足球、排球这"三球"运动游戏也开展起来了。足球区、排球区设在自然的草地上，篮球区设在软硬合适、适宜拍球运球的地面上。虽然球类运动技巧性很强，但我们绝不训练，孩子们只是单纯地"玩"球，在这个过程中，孩子们同样受益匪浅，既锻炼力量和耐力，发展动作的协调性和灵敏性，又培养了喜欢运动的好习惯。滚筒区，我们把下水道管子作为材料提供给孩子，年龄小的孩子滚、钻、爬，年龄大的孩子踩在上边滚，向前向后，完全自如。不但一个人踩，而且还几个人合作踩，使孩子的平衡能力、合作交往能力，以及对事物的掌控感都得以发展。另外，我们还利用大树的间隙创设了攀爬区、自然野趣区等多种多样的运动游戏区域，充分满足了幼儿走、跑、跳、钻、爬、攀登等大肌肉动作的发展。

这个改变，使全县幼儿园把户外也变成了儿童游戏的场所，加上室内区域游戏活动，我们真正把幼儿园变成了儿童游戏的地方。

二、投放丰富多样的开放性游戏材料，保证儿童有东西玩

发展心理学家皮亚杰说，"儿童的智慧源于材料"，蒙台梭利也曾说，"人类的双手是智力发展的工具，双手依智力的指导，以控制环境"。可见，操作材料是幼儿获得直接经验的最有效方式。

在游戏材料提供上，我们遵循安全和开放性的原则，要求教师投放大量的源于自然和生活废旧品的低结构和非结构的游戏材料，并且给全县幼儿园提供了每个区域的材料清单，使材料投放更有目的性。比如，家庭区投放电话、桌椅、小吸尘器、扫帚和簸箕等儿童在家中可见到的材料，各种职业扮演的服装、道具等用于角色扮演的材料和儿童尺寸的锅、碗、瓢、盆等仿真的厨房设备材料。积木区投放单元积木等用于建构的材料和玩具汽车、方向盘、人偶、动植物偶等象征性材料。木工区投放锤子、锯子、螺丝刀、镊子、钳子及安全护目镜等各种工具，还有钉子、螺母、螺栓、胶水及木工厂的边角料等木头和建筑材料。图书区投放系列图画书、无字书、民间故事书等可供阅读的材料，及铅笔、蜡笔、橡皮、旧键盘、记号笔可供书写的材料等。沙水区投放了真实的锅、碗、瓢、盆、铲子、筛子以及利用废旧物制作的多种工具材料等。泥巴区投放不粘手且便于塑型的优质胶泥，以及擀面杖、梳子、安全刀剪等工具材料和各种植物种子等辅助材料。

在材料存放上，我们遵循看得见、拿得到、用得上的原则，各幼儿园在室内和户外每个区域都投放了多个低矮的柜子和若干透明的筐子来存放材料。并且用实物、照片、简笔画、拓图、文字等形式在材料柜和材料筐上为材料做明确标识，以便于孩子发现材料、使用材料和用完后归还材料。

在材料使用上，我们把以前使用材料的规则、步骤、注意事项及进区牌、小脚印等限制孩子、约束孩子的标签统统去掉，让孩子以自己的方式，想怎么玩就怎么玩这些材料，想用哪个区的材料就用哪个区的材料，使游戏与学习真正基于儿童的兴趣和需要。

这个改变，把过去以教师为中心的"教"，变成了以儿童为中心的"学"。即把学习过程变成了儿童通过直接操作材料，在与成人、同伴、观点以及事件的互动中，主动建构新的理解的过程。

三、改变"小学化"的一日活动安排，保证儿童有时间玩

《指南》颁布以前，幼儿园尤其农村园一日活动时间安排基本上同小学一样，每天以高结构化的"上课"为主（4—5节课），幼儿自由自主游戏的时间几乎没有。

针对这种状况，我们对全县幼儿园一日活动安排提出了明确的要求：教师要和幼儿轮流分享控制权。每天由幼儿主导发起的自由游戏为3.5小时以上，其中户外游戏活动不少于2小时，室内区域游戏时间每次1—1.5小时。每天由教师主导发起的集体教学活动不超过1次（中、大班每天安排1次，托小班可以不安排），其他时间为生活活动。全县各幼儿园以建立稳定、有规律的一日生活，满足幼儿自主活动需要为原则，分年龄段自主安排本园作息时间。

具体到游戏时间安排上，室内，大班每次游戏时间为1—1.5小时，小班为1个小时，中班介于两者之间；室外，上午、下午各1个小时的自由游戏时间，并且大体能的自由运动游戏一般安排在上午。户外区域属于公共区，我们保障每个班级孩子连续在本区玩1—2周时间，甚至是更长时间。充足而连续的游戏时间，满足了幼儿对材料的充分探究，支持了幼儿游戏中的深度学习。

这个改变，首先在一日活动安排上给予了幼儿自由自主游戏的时间保障，帮助教师把"以游戏为基本活动"的理念落实在教育实践中，也让幼儿在一日活动中有更多的时间去游戏，彻底改变了以往以"上课"为主的作息时间安排。

四、改变教师高控型的游戏组织方式，保证儿童玩真游戏

《儿童权利公约》提出：游戏是儿童的基本权利。我国著名儿童教育家

陈鹤琴曾明确指出：游戏就是工作，工作就是游戏。儿童除了睡眠和饮食之外的所有活动几乎都是游戏。华东师范大学儿童发展心理学教授王振宇说，自主游戏的核心是儿童掌握游戏的权利。

有了游戏空间、游戏材料、游戏时间，那么教师如何组织游戏才能把游戏的权利还给孩子呢？为改变以前教师高控幼儿游戏，让幼儿玩教师主导的、主题框架下的"假游戏"的现象，我们做了以下调整。实践层面，我县强制要求教师：幼儿游戏时，一定要放手，只要不出现安全事故，一般不要介入幼儿游戏，并按照计划—工作—回顾的流程组织儿童开展游戏。游戏前，教师带领儿童做游戏计划（你今天想要做什么？用什么材料做？这些材料在哪里可以找到？你想一个人做，还是想和谁一起做？）室内，孩子们根据自己的计划自主选择区域、自主选择材料、自主选择玩伴、自主选择玩法、自主选择主题进行游戏。既然是自主游戏，那户外的区域是不是也应该和室内一样让孩子们自由选择呢？户外区域属于公共区，为保障所有的孩子都能到所有公共区域玩，我县幼儿园都合理地安排了本园幼儿使用公共区的游戏时间。规模较大的幼儿园，在每个公共区内，孩子玩什么、怎么玩、和谁玩，完全由幼儿自己做主，并且保证每个班级的孩子在一个学期内都能进所有区域进行游戏2—3次，以确保孩子发展的平衡性、全面性。规模较小的幼儿园，每个区的老师是固定的，全园孩子根据兴趣和需求自主选择区域、自主选择材料、自主选择玩伴和玩法进行游戏。这样就自然产生"大带小"的混龄游戏，给幼儿提供了同龄同伴游戏所不能替代的情感、社会性和认知能力发展的机会。游戏中，教师观察幼儿游戏，或用手机、平板电脑拍摄幼儿游戏行为。当幼儿游戏遇到困难请求帮助时，教师再以角色、言语或材料等方式介入游戏，支持儿童完成游戏。游戏后，教师组织儿童收纳材料，物归原处。最后和儿童一起交流游戏经验，分享游戏成功的体验，游戏中遇到哪些困难，是如何解决的，即让孩子说他的游戏故事。这个过程，就是大家共同学习的过程：幼

儿反思刚才所作所为，并用语言表述出来，个体的经验与大家共享，存在
的问题大家共同想办法解决。说完后组织孩子们画游戏故事，最后让孩子
们把游戏故事绘画作品展示在墙上。让孩子有一种成就感，体验我的事情
我做主的控制感。

在整个游戏的过程中，材料、操作、选择、儿童的语言和思维等主动
学习的要素全部体现，幼儿良好的学习品质逐步养成，为幼儿一生的发展
打下了良好的素质基础。

这个改变，我们真正把游戏的权利还给了孩子，并通过玩—说—画—
展的流程，真正把游戏变成了课程，我们也把环境创设的权利还给了孩
子。这个改变，也使我县教师的儿童观、教育观及教师观得以彻底转变，
课程模式也由过去的教师中心、课堂中心、教材中心，转变为儿童中心、
活动中心和经验中心。

五、改变关门办园的局面，把大自然和大社会作为活教材

《中共中央国务院关于学前教育深化改革规范发展的若干意见》指出：
鼓励幼儿通过亲近自然、直接感知、实际操作、亲身体验等方式学习探
索，促进幼儿快乐健康成长。我国著名儿童教育家陈鹤琴先生也指出：大
自然、大社会都是活教材。虽然我们把游戏的权利还给了孩子，但幼儿园
基本上把幼儿教育等同于幼儿园内的教育。为拓展幼儿园课程的内容和范
围，我们强制要求全县幼儿园至少每半个月要带孩子走出幼儿园，到大自
然、大社会中进行自然探究和社会实践活动。这样，孩子们走出了幼儿
园，来到了田间地头，踩着松软的泥土，嗅着花儿的芬芳，倾听着鸟儿的
鸣叫，撒欢地跑着、跳着、笑着，探索着奇妙的大自然……来到了超市、
邮局、银行、博物馆、图书馆……了解这些社会机构的工作，体会这些机
构给大家提供的便利和服务……大自然和大社会真的成了孩子们学习的活

教材。

为进一步拓展课程资源，我县幼儿园还把医生、厨师等各种职业的家长和会捏花馍、剪窗花、会唱地方戏的民间艺人请进了幼儿园，使幼儿园的课程进一步丰富。

经过近7年的课程改革，我们让芮城的孩子有"地方"玩、有"东西"玩、有"时间"玩、玩"自己"的游戏，从幼儿园内玩到了幼儿园外……孩子们在这样丰富多样的课程中主动地学习、快乐地学习、健康地成长。在这个过程中，我们逐渐甩掉了文本教材等买来的课程方案，让课程与儿童真实的生活相联系，让学习更贴近儿童的兴趣、需要和原有经验。我们也深深感觉到：游戏是儿童的生活，游戏是儿童的工作，游戏是儿童的生命。让课程回归儿童，彰显游戏，是我们学前教育人应该坚持的正确方向。

课程建设，我们一直在路上……

董瑞祥

丹麦安徒生国际幼儿师范学院创始人、院长

建设和谐社会，中国需要格隆维与杜威

人类文明，不分东西，只是先进与落后。

在人类文明发展的大道上，相互学习，共同进步，方为正途！

特别是在全球一体化的时代里，用世界的眼光看中国，用世界的眼光看世界，许多问题就看得清楚了，能够给人以特别的启发！

只有两百多年历史的美国，在近代实现了快速进步，教育起到了关键作用。

众所周知，英美手足，但美国同丹麦的文化渊源，知道的人就不太多了。

我们都知道杜威，可是杜威背后的格隆维，知道的人就不太多了吧？

丹麦的格隆维，美国的杜威、马丁·路德·金，中国的梁漱溟、晏阳初、陶行知，这些中外教育史上光辉灿烂的名字背后，有着一种什么样的有机联系呢？

丹麦一瞥

从940年的高姆老国王到当今丹麦女王玛格丽特二世，一千多年来，丹麦王室没有发生过改朝换代的事情。这意味着丹麦人的文化与文明得到了有效的传承。丹麦人守规矩，懂尊重，重传统。

历史上的丹麦，曾经是欧洲最强大的国家，瑞典、挪威、冰岛、芬兰、英格兰和德国的一部分，曾经都属于丹麦王国。现在的丹麦，面积只有3个北京那么大，人口却不足北京的四分之一——570万。

然而，这里的人却创造了丹麦奇迹：幸福指数多年高居世界第一，社会高度和谐，贫富差距很小。人均GDP高于美国，名列世界前茅；创造力强：安徒生、乐高、嘉士伯、马士基、丹麦音响、13个诺贝尔奖、哥本哈根学派等。

格隆维、杜威与民众教育

格隆维（N.F.S.Grundtvig，1783—1872）是丹麦近代史上最有影响力的启蒙思想家，教育改革家，诗人和教士，被视为丹麦的孔子。格隆维时代，丹麦97%的人口是农民，素质普遍较低。格隆维创办了丹麦民众学院，民众学院是一种非学历的学习方式，学习时间从几周到半年不等，民众学院的关键词是"启迪与点亮"。他激活农民的自尊，让他们学会了对人的尊重，继而有了面对问题采用平等的态度与协商的方法来解决问题的道路，这为丹麦社会奠定了民主的基础，为丹麦走向现代文明国家打好了基础。

后来，格隆维民众学院扩展到了北欧其他国家，格隆维的学生也在美国创办了民众学院，美国教育家杜威（John Dewey，1859—1952）和社会活动家马丁·路德·金（Martin Luther King，Jr.，1929—1968）曾经先后在那里学习。杜威的教育即生活、学校即社会等教育观点，与格隆维的教育观点别无二致。格隆维的理念也点燃了马丁·路德·金的理想，后来，他成了美国著名的黑人民权运动领袖。

民众学院的价值观是：

1. Global responsibility（全球视野下的本地责任）

2. Living community（生活的社区）

3. Life skills（生活技能）

4. Equality（人人平等）

5. Presence（展现、存在）

6. Democratic training（民主性训练）

1998 年，我初踏丹麦大地的时候，就听说了格隆维教育理念。但那时候，由于我自身格局与视野所限，没有意识到格隆维教育理念对中国社会的巨大价值。

当我在世界各地，包括在联合国亚太经社会游学工作了六年之后，开始琢磨国民素质整体低下的问题。感谢在杨东平老师领导下的 21 世纪教育研究院的那段工作经历，让我对中国的教育有了一个宏观的认识。2016 年年底，我在丹麦创办了安徒生国际幼儿师范学院，想把格隆维公民教育理念与方法带回中国，为中国社会进步做一点贡献。

其实，我是想用"丹麦格隆维国际幼儿师范学院"这个名字来做丹麦风格的教育的。但是，在中国乃至全世界，格隆维没有安徒生的名气大，于是我就用了安徒生的名字和肖像，并且获得了安徒生博物馆的授权。

在老牛基金会资助下，到目前为止，已经有 7 批近 130 人来到了丹麦考察学习，特别是学习能够让北欧实现社会和谐、人民幸福的格隆维理念。杨东平、李镇西、马国川、钟庆等老师在丹麦学习结束后，纷纷撰文介绍格隆维理念。

中国向谁学习

在中国近代历史中，教育最成功的是民国时期。

民国时期，因与欧美国家有较多的接触，涌现了华罗庚、梁思成、陶行知、晏阳初、蔡元培、黄炎培、梅贻琦、周有光等大师，他们推动了中国社会的进步。

20 世纪初，梁漱溟、晏阳初分别做的乡村建设，其实也源自格隆维的民众学院理念。遗憾的是，后来这样有价值的工作被迫中断了，学习照搬苏联教育模式与理念，却没有关注北欧模式。

1978 年改革开放后，一大批中国留学生走进了欧美，学习科技和商业，可学习社会科学（包括教育科学）的人数极少。

在钱锺书小说《围城》里，方鸿渐认为学习社会科学的人都是混日子的，造成了众多留学生不愿意学习社会科学。这样狭隘的理念，是我们中国社会近代落后邻国日本的一个重要原因，这也是"钱学森之问"背后深层次的原因！

18 世纪的时候，格隆维就通过创办民众学院这种方式，大幅度地提升了丹麦和整个北欧社会的公民素质。而此时的俄罗斯却始终是由一个自私的农民群体以及崇尚武力的暴民组成的戾气社会，没有形成和平协商解决社会问题的公民基础。

在面对社会不公问题的时候，丹麦人已经习惯性地坐下来心平气和地进行谈判，而不是向俄罗斯人那样，走向极端，拿起刀枪，冲杀一片，血流满街。

在丹麦，罢工罢课是一件很平常的事情，不属于社会动乱的范畴，它只是民众表达诉求的一条正常渠道。历届安幼学员已经数次在丹麦街头感受到了这种和平罢工与微笑谈判的威力所在，看到了丹麦人如何找到平衡点，并和平解决问题的方法。有些可以引发动乱和巨大社会冲突的矛盾，丹麦人往往以"皇帝的新装"童话般的游行方式，让当政者或民众看到问题所在，就轻松解决了矛盾。

当今的中国，需要温和的革新。建设和谐中国社会，学习丹麦的心态、想法和做法，是有其重大的现实意义的。

中国社会需要格隆维

2018年5月，21世纪教育研究院院长杨东平到丹麦安徒生国际幼儿师范学院考察学习了两周后，在《格隆维和丹麦教育的现代化》一文中写道："安徒生家喻户晓，然而，恕我孤陋寡闻，在去丹麦之前，几乎没有听说过格隆维其人，对北欧的教育史也一无所知。"

这是一个极大的遗憾：现在的中国学界似乎很少有人知道并且讨论格隆维。

其实在20世纪，中国教育家晏阳初、梁漱溟等人对格隆维还是非常熟悉的，在他们的文章中，不时提到格隆维教育理念。而且他们也在落实格隆维的教育方法，比如晏阳初做的河北定县平民教育试验等。

我本人以及安徒生国际幼儿师范学院正在大力推广格隆维教育理念。每次安幼课上，我们都会请丹麦教授花较多的时间来上关于格隆维理念的课程。

目前，我们正在组织丹麦华人翻译有关格隆维的著作，我们看到了在中国大力推广格隆维教育理念，对于建设一个和谐与繁荣的中国社会的巨大价值。

据说有一个中国民间心理学机构正在以"格隆维学院"的名义在全国各地举办活动，真心希望他们是看到了格隆维教育理念对社会发展的好处来做这件事的。

分论坛四：新教改下西部乡村教师培训的挑战与应对

宋 磊

教育部教师工作司综合处处长

按需施训，减负增效，打造精品的国培计划

各位老师、各位专家：

大家下午好！

在这里向大家汇报一下国培计划改革的大背景和具体方向。

首先看两张照片：一张是习近平总书记在北师大与师生代表座谈并发表重要讲话，第二张是他回到自己的母校八一学校，和同学们亲切握手的照片。

总书记非常重视教师队伍的建设，我统计了一下，经过新华社公开发布的总书记关心广大教师、对教师队伍发出重要指示批示的一共是10次，三百六十行没有哪一行有老师这样的待遇。在2018年9月10日教师节，习近平总书记出席全国教育大会并发表重要讲话，提出了关于教育的一系列新理念、新思想、新战略，提出了教育是国之大计、党之大计，特别是"九个坚持"。按照中国人的行文习惯，一般是把最重要的事情放到最后说，坚持党对教育事业的全面领导，坚持把立德树人作为根本任务，坚持优先发展教育事业，坚持社会主义办学方向，坚持扎根中国大地办教育，坚持以人民为中心发展教育，坚持深化教育改革创新，坚持把服务中华民族伟大复兴作为教育的重要使命，坚持把教师队伍建设作为基础工作。

前面这八项坚持的完成有赖于教师队伍建设，我注意到习近平总书记在讲话中说的是，坚持把教师队伍建设作为基础工作，这里面有两层意思，一是作为教育的基础工作，二是作为整个全面的所有工作的基础工作。

习近平总书记同北京师范大学师生代表座谈时的讲话和党的十九大报

告，都提到了梦之队和筑梦人。为什么现在很多媒体都说教师队伍是筑梦人，来源就是这里。党的十九大报告在倒数第二段专门写到"青年兴则国家兴，青年强则国家强"。总书记着眼的是2035年、2050年，是中华民族伟大复兴中国梦的实现，这需要培养大量的担当民族复兴大任的一代新人，怎么培养？要靠社会，靠家庭，但主要还是要在座各位在内的教师来培养。所以，我觉得这是从党和国家、从民族事业发展的角度，总书记对广大的教师给予了不一样的特别的关爱。

在这里，我介绍一下《中共中央国务院关于全面深化新时代教师队伍建设改革的意见》，我们所有从事教师队伍建设的人员和学者都应该好好学习这个文件，这是2018年1月20日总书记亲笔签发的。这是新中国成立以来中共中央第一次出台的关于教师队伍建设的专门文件，总书记坚持教育第一，创造性地提出了教师是教育发展的第一资源。2017年11月20日他主持召开十九届中央全面深化改革领导小组的第一次会议，会上通过了这一份文件。2018年1月20日他亲笔签发了这个文件，1月31日新华社全文对外公开，吹响了新时代兴国必先兴师的嘹亮号角，具有里程碑的意义。它有"六个前所未有的新"：对教师队伍建设的重视，对师德师风建设的部署，对振兴教师教育的部署，对深化教师管理改革的谋划，对提高教师待遇的举措，对保障惠师利师政策的落实。

在这个文件中和今天主题密切相关的几段原文我也找出来，和大家分享一下：全员培训的问题，推动信息技术和教师培训有机融合，海外研修、创新和规范编制的配备，优化义务教育教师资源的配置，实行县管校聘，逐步扩大农村教师特岗计划的实施规模，适时提高特岗教师工资标准。今天现场很多老师是特岗老师，中共中央文件明确说了，逐步扩大农村特岗教师的规模，适时提高特岗教师的工资标准，鼓励优秀的特岗教师攻读教育硕士，鼓励政府和相关院校因地制宜地采取定向招生、定向培养、定期服务等方式为乡村学校和教学点培养一专多能的教师。优先满足老少边穷地区的学校，鼓励支持乐于奉献、身体健康的退休优秀教师到乡村和特殊学校支教讲学。

我们再看看总书记对国培计划说了什么。这张照片是总书记2014年9月9日在北京师范大学看望来自贵州的参加国培计划培训的老师们的情景。当时，他讲话说了三层意思：第一对这些老师表示了感谢；第二说国培计划很好，要继续深化改革，适应现在的需要；第三，老少边穷地区在全面奔小康过程中一个都不能少。

下面，给大家简要汇报一下国培计划改革的方向：以国培计划提质增效为工作落点，助力教师校长专业素质能力提升。

国培计划取得的成绩：2010—2018年我们一共培养了1300万人次，每次到国外和教育同仁交流的时候，他们都难以想象，把半个国家的人培训了一遍。中央财政累计投入140多亿，这个数字很了不起。

2018年教育部组织专家对19家示范项目承担单位的院校进行了推门式评估，没有提前打招呼的现场调查，发现取得了一些成绩，建设了一批培训基地，培养了一批培训的专家，建成了一批培训资源，也建立了一些培训的模式。国培计划管理的体制相比十年前更为完善，内容设计更为科学，团队的构成更为合理，培训的方式更加多元，规划能力不断提升，特别是根据脱贫攻坚战需要，对贫困地区教师的培训力度不断加大，特别是"三区三州"深度贫困的地区、集中连片贫困地区。但是我们要以问题为导向，尽管取得了很多的成绩，还要正视问题：

一是课程内容单调，缺少科学设计，培训成果产出还需要加强。我们的培训设计总体上还是重视类别和模式，拼盘式的培训比较多，从供给和需求的角度讲，更多的是在供给侧这一面。

二是网络研修占比过大，挂机刷机现象比较普遍，教师工学矛盾比较突出。现在基层一线的老师负担太重，各种各样的任务压得大家喘不过气。陈宝生部长非常关注这件事，前不久他专门到山东调研为中小学教师减负这件事，作为"不忘初心、牢记使命"主题教育牵头解决的一个问题。下一步，我们想给大家减轻一些非教育教学工作的负担，在此基础上也要提升国培计划培训质量。

三是培训区分度较低，忽视教师专业成长规律。这方面要加强力度。

下一步，我们要打造精品国培计划，主要是在下面几个方面。

一是严格把关授课教师的资格，多希望像台下坐的郑新蓉老师这样的老师去讲课，既了解高教又了解全国的基础教育，老师们就不会觉得是高射炮打蚊子了。

二是系统设计递进式的培训课程，符合教师成长规律和教育规律。

三是开发数字化的培训资源，人教社今天也向大家赠送了一些书籍。

四是打造精品国培，八个抓：一是抓方向，服务基础教育。二是抓体系，借助教师教育现在比较完善的一个体系，同时要发挥省、市、县、校四级培训机构的作用。三是抓模式，主要在线上线下混合式的方面，两端都要做起来。四是抓示范，我们现在正在做的是名师名校长的礼堂工程，"火车跑得快，全靠车头带"，我们先把车头带起来。还有学科骨干的培养，抓起来，培养一批骨干。五是抓机制，参与激励机制，我们把老师特别是培训者参与国培的工作量计入总工作量当中去。完善专项资金实施的细则。六是抓融合，人工智能助推教师队伍建设。2018年我们已经正式在宁夏全区进行试点。七是抓保障，抓保障就是不仅仅是这个计划，在实施计划过程中有一些绩效评估和训后跟踪，以及保障都要纳入实施项目流程当中去，前端要做好一些需求调研，方案的研制、绩效评估，后面要把训后跟踪工作做到国培计划中，拿出工具保障这些工作的落实。不仅仅是来了要培训，培训之后怎样，还要跟踪培养。最后一个是抓绩效，财政部将把国培计划的经费使用情况作为2019年重点跟踪的项目。聚焦扶贫，明确重点项目，突出分层分类，关注管理效能。

最后以习近平总书记给北京师范大学贵州研修班参训教师的回信作为结尾，希望大家做教育改革的奋进者、教育扶贫的先行者、学生成长的引导者。脱贫攻坚2020年就要完成了，脱贫攻坚到乡村振兴的转换过程中，广大的乡村教师能够发挥其他人发挥不了的作用。

谢谢大家。

苗 青

友成企业家扶贫基金会副秘书长

纵横联合，打造赋能乡村教师的新木桶

各位领导、各位嘉宾：

大家好！

我分享的演讲题目是"纵横联合，打造赋能乡村教师的新木桶"。作为一名曾经的教师，如今的职业公益人，我想就公益力量对赋能乡村教师的作用谈一点自己的看法。我们认为在科学技术日新月异、社会分工日趋多元的时代，社会组织作为非政府性质的一股重要力量，可以补充和充分发挥自己的专业性、创新性、灵活性方面的优势，推动乡村教师支持公益平台的优化和建设。

2017年9月9日，友成基金会启动了乡村青年教师支持计划。公益新木桶的理论最初是由汤敏参事提出的，并且得到了友成基金会公益项目持续的验证。在乡村教师的培训领域，我们认为公益新木桶是集合各界组织机构和专家专业人士的优势力量，以科学的方式对接各类优质资源，从而持续赋能乡村教师发展的平台。

传统的木桶理论指出，木桶容量由最低的木板决定，我们则认为木桶的容量更应该由每一块木板的长度和组合方式决定。友成基金会在木桶理论的实践，在阻断贫困代际传递教育扶贫领域表现非常丰富。友成基金会诞生之初就坚信人的发展是最大的公益，因此我们的教育扶贫项目在历时九年的实践中，赋能教师的理念从未改变。我们看到尽管国家和各级政府不断加大对乡村教师队伍的建设以及投入，但是乡村教师仍然面临着重重困难。

181

false

false

　　首先，乡村教师特别是青年教师的专业发展的机会是有限的，他们专业能力提升速度很缓慢，中国义务教育发展报告显示，乡村教师发展机会比城镇教师少一半。我们在调研中发现，青年教师没有足够的培训机会，无论是线上还是线下。

　　其次，乡村教师承担着教书育人、培养下一代的重要工作，他们却没有得到足够的信任、关注和支持。而且，在乡村相对疏离的人际关系和闭塞的社会生活中，老师们的这种认同感缺乏，满足感缺乏，教师的热情也在不断地损耗。

　　再次，很多新入职的老师，特别是工作一到三年的老师，他们在严峻的工作和生活条件下，要树立起教学的信心和教育理想，面对着巨大的挑战，特别容易出现职业的倦怠感。

　　基于这样的形势，基金会长期致力于打造纵横联合的跨界资源的整合模式，从而持续地助力乡村教师的发展。下面我从三个方面来谈一谈我们一直以来的工作理念和工作方法。

　　纵向来看，我们一直致力于做连接教育行政部门和基层教师的桥梁，提到赋能不得不提到对乡村教师视角的纳入，我们通过合理的顶层设计，实现基层教育从业者的心愿和教育体制的充分融合。我们在"青椒计划"的设计中，充分考虑到青年教师对互联网时代的适应性优势以及他们对专家陪伴成长的培训具体教学方法的打磨、课标解读方法的强烈需求，在名师专家讲座的基础上，增加了分科课程和专题研修内容，得到了学员们的一致好评。在这种自下而上的设计思路的指导下，我们得以设计出更接地气、更有实效的培训内容，并且得到地方教育局的认可，充分实现了双向互动和信任。

　　不仅如此，社会组织参与乡村教师培训，也是探索创新型的教师培训模式的一个重要尝试。社会力量参与教师培训不仅代表了全社会对乡村教师教育的重视，也可以为传统的教师培训实现不一样的教育愿景。

　　比如，我们"青椒计划"以培养教师适应互联网时代的教育为落脚点，设计的课程和活动不仅主要的课程内容全部采用线上教育方式，也把课程内容当中加入了很多"互联网+"时代的活动内容，确保教师培训的模式是面向未来的，是全新的。

　　横向来看，社会力量也可以积极地发挥自己的独特优势，跨界整合政企学社的资源，共同助力乡村教师的发展。其中的灵活性、非营利性、公益性的特点，有效地推动不同诉求利益相关方的目标不断接近和融合。

　　一是在教师的培训领域，在政府部门有着不可比拟的优势的情况下，我们以"青椒计划"为例，在教师的招募和动员方面，各地教育局提供了重要的渠道和支持。另外也有来自教育主管部门的表彰和奖励，对老师积极参与和培训又有着极大的激励，因此我们觉得如果以政府部门建立互信、社会力量倡导的教师培训模式也可以得到快速的复制和扩展。

　　二是"青椒计划"开展以来，有200多个区县教育局的充分信任和大力支持，才得以在近九千所学校和超过五万名老师中快速地推广，不少区县也正式地发文并开始认证"青椒计划"的学习成绩，作为教师继续教育学分，同时拿出专款配合线上培训开展线下研修，从而为教师的积极参与提供了政策的激励。

　　三是企业力量在乡村教师培训中发挥着日益重要的作用。在"青椒计划"推动过程中发现企业的参与活动不再只有捐款这一条路，越来越多的企业愿意凭借自身具有的优势充分发挥社会影响力。教育企业可以贡献出自己的产品、技术、专家、员工和课程课件的资源，通过公益组织支持最有需要的教师、个人或学校，或者直接参与公益项目的运营。咨询管理类的企业还可以贡献出其成熟的管理模式和工作方法，助力公益组织找到成熟专业的发展方向。

　　自从开展了公益"双师课堂"以来，基金会在与一批有情怀的企业合作，从正保教育的直播技术的支持，到安全堂动漫微课的支持，从洋葱数学助学教学服务体系的支持，到对三三得玖提供的运营经费的支持，"青椒计划"通过 CCtalk 在互联网时代创新了一套特有的社群运营方式，支持点燃了无数的乡村教师的学习热情。

我们一直坚持与最有情怀的企业和社会组织合作。我们认为公益的有效性离不开公益的科学性，它也主要体现在项目的科学性设计和逻辑性、项目内容的质量、项目活动的效率以及影响力上。在这当中，我们也与全国的顶级的师范院校开展了充分合作，引入了北师大、华师大、首师大、上师大等高等学府的课程资源和专家、微认证服务体系，为乡村青年教师提供最先进的培训与服务，在这里我们也真诚地希望能够得到未来国内更多的师范高校，特别是西部师范院校的合作与支持。我们认为公益组织不应该是独行的，应该抱团取暖，应该联合起来干大事。"青椒计划"有 30 多家联合发起单位，他们中很大一部分都是专注于乡村教育的公益组织，比如情系远山基金会、湖南的红会基金会等，通过这些整合资源的公益组织，达到了"1+1>2"的项目效果。

最后我谈一下乡村教师培训的新公益木桶打造方式。一是多方协作，联合更多的人来解决教不好的问题。二是居中联合的社会组织应该充分发掘利用各方优势，打造协作分工机制，让最适合的人或机构做最适合的事，实现资源的最大利用效力。三是跨界互信，尽己所能，为乡村教师恪尽所能。四是赋能青年教师也要持续打造新木桶路径，实现项目不同模块间的相互促进与聚焦。

我们认为互联网时代的纵横联合有其独特的机遇与挑战，也许信息技术的发展会使得公益组织在理论上的大规模、低成本、可复制的模式，在现实中得以实现促进教育公平。当然我们也看到，信息技术的发展并不会自动地带来教育公平和社会进步，需要不断的、共同的各方努力。我们希望未来面向互联网时代的社会力量在参与乡村教师培训中，更多地面向未来教育，以面向未来教育挑战为目标，以激发教师发展主体为手段，以融合各家资源优势作为路径。乡村教师的成长与发展决定了乡村学生接受教育的过程是否公平，也决定了乡村每一个学生能否得到公平的机会和全面的发展。

希望我们更多的公益组织，更多的社会力量，更多的政府部门充分地发挥纵横联合的力量，更多地支持中国乡村教师，让他们教得更好。我们一直在路上，一起加油！谢谢。

主持人：北京师范大学教育学部教授　　　　　　　郑新蓉

嘉　宾：吉林省电化教育馆副馆长　　　　　　　　王　喆

　　　　人教数字公司副总裁　　　　　　　　　　吴慧云

　　　　甘肃省金塔县教育局局长　　　　　　　　刘中英

　　　　高思教育集团执行校长　　　　　　　　　须佶成

　　　　青海省玉树藏族自治州治多县民族中学教师　胡琳娜

圆桌讨论1：新课改下助力西部乡村教师专业发展的长效机制

主持人：

请上几位来。结合你们的工作，每个人就当前我们国家贫困地区的教师培训提一个你最想了解的或者最想解决的问题，如果我们答不了，就请下面的高人替我们回答。

吴慧云：

我是人教社的吴慧云，人民教育出版社是给全国中小学生编写教材的出版社，现在的统编三科教材就是人教社出版的，人教社从1950年成立，到现在已经有近70年的历史了，可以说是跟新中国同步成长的，在这个过程当中，人教社的教材编辑和各学科的老师一起并肩作战。我参加西部教育发展论坛，看到郑教授报告中的数字挺震惊的，我觉得人教社需要做的事情还有很多。我想提的问题是，我们的教材是不是及时送到了偏远地区学生的手里？这些教材好不好用？老师们有没有接受教材使用培训，包括网络培训和线下培训？

胡琳娜：

大家好，我来自青海玉树州治多县民族中学，玉树州你们可能都知道，治多县可能都不了解，治多县离玉树州差不多还有200公里，玉树州的海拔是3900米，治多县的海拔接近4400米，它是世界上海拔最高的城镇之一，我在那里的一个中学担任数学老师。我们的教材基本上都特别准时发到学生的手里，我们大部分科目用的是人教版教材，我带的数学也是。我觉得人教版的教材还是比较适合孩子们的发展。我自己是一个外地过来的老师，本地的教育比较落后，我最想提的问题是，对于我们青年教师有更好的带动办法吗？

刘中英：

我认为，青年教师和我一样，我们太需要学习了。我一直在想，怎么样让我们的老师有坚定而纯朴的教育理想，能立志终身从教，能用满腔的教育热忱干教育。如何找到发展之路呢？我自己从事教育工作三十年，回想起来，有许多值得我回忆的经历。还是在做校长的时候，有一次演讲活动，面对孩子们的激情演讲，我抛开办公室写给我的讲稿，把孩子们精彩的语言现场组织成自己的演讲稿，像孩子们一样演讲出来，孩子们特别开心，激动的小手给我的是雷鸣般的掌声，那是多么激动的时刻呀，被孩子感染而即兴"作诗"并演讲，我觉得我是有教育情怀的！现在我们有很多青年老师，缺乏的就是今天现场来论坛学习的老师们的动力和热情。所以，我的问题是如何让我们的老师们有这种教育情怀，这个教育情怀的动力应该从哪里来？

主持人：

这个可能是中国教师发展最根本的问题，教师持久的热情，持久地对这个事业的热爱，我觉得一时半会儿答不出来，但是我有一个问题，我想问一下须总，因为你是高思教育集团的创始人。我想如果来自刚才刘局长这些地方，包括少数民族地区，孩子们的普通话不是那么标准，我们有什么样的教育技术把他/她的身心反馈出来，彼此更好地沟通，技术有没有可解决的方法？孩子们哪怕讲他的民族语言，但是他还能和在北京的、上海的、互联网上的老师做沟通，有没有技术实现的路径？

须佶成：

我们目前的业务主要是在全国服务了将近1万家机构，里面多数是培训机构，我们同期服务了6万名老师和200万名学员，我们的主业是帮助全国很多机构上好课。当中核心的因素是如何让老师上课水平迅速地提升，而且他们是要接受市场的检验。在我们的研发上、教学平台上、双师技术上是有蛮多的投入。我们每年全职做教育技术研发和教研工作的也有将近700人，每年两到三亿的投入。我们的客户其实80%以上来自于三线以下城市，有很多来自村和镇，甚至有些我们服务的客户在当地的学生数量已经远远超过了当地公立学校学生的数量。我在想，如何跟全日制体系能更好地结合，怎么样把我们积累的资源更好地对接，形成一些产品，帮助到更多的老师和学生。

主持人：

我们现在是问题比答案还多，我们先把问题提出来。我也想问问王馆长，你那个地方公益一类事业单位，也在组织策划一个改进培训方法的活动，是怎么进行的呢？

王喆：

其实这个问题正是我们推进教育信息化进程中所思考的，通过信息化手段来开展网络扶智，重点从哪些方面着手？为回答这个问题，吉林省今年上半年由省教育厅发起了2019年度的网络扶智攻坚行动"直通村小"项目。这个项目包括了8个子项目，有宽带网络直通村小项目，联合三大运营商的吉林省分公司，针对贫困县和村小的网络资费和云空间赠予给予进一步优惠支持，给我们的村小把联通互联网的"高速路"先铺平。此外，还包括云端支持服务直通村小，通过吉林省数字教育资源公共服务体系的运维服务核心，以网络学习空间和应用为抓手，满足师生教学实际需求。此外，还有优质资源直通村小、三个课堂直通村小、全学科课程直通村小，以及我们联合"互+"开展的教师培训直通村小等。

吉林省2018年在和"互+"合作的基础上，我们也是积累了很多的经验，也得到了基层教师非常好的反馈，所以2019年省电教馆与友成基金会、沪江教育合作来开展吉林省的"青椒计划"。2019年暑期正在进行的"兴成长计划"启动以后，乡村教师利用暑期自愿报名参加，有18000多名老师报名，主动参与学习交流。我觉得互联网的魅力非常大，我想知道为什么我们在体制内组织一些国培和省培的工作，同样投入了大量经费和人力，包括政策制定等等方面，我们都在下功夫做，但是培训辐射的范围有限，而且培训后持续的影响力也是有限的。但是这种基于互联网的社群化学习，我们发现教师自下而上的自主性和积极性非常高，我也参与其中。这个魅力在哪儿，是什么样的一种动力推动"青椒计划"的社群化学习持续提升教师的能力？参与一个新生事物的热情很容易被点燃的，但是如何保持这个热情？我想，怎么来保持教师自身成长的热情，提升我们体制内、线上线下培训的效率和效益，也是我们需要进一步总结和反思的问题。

主持人：

刚才提的最重要的问题，我们教师怎么持续的有动力，是我们在座每一位都要思考的问题。我们的体制内投了很多钱做资源，老师们挂在那儿，不听，可是互联网上有一些社会企业组织的课堂很受欢迎，我们怎么评判把最好的资源用最快的通道给到最需要的老师，这是一个问题。第二个问题，今天我们老师很快上到了这些互联网上，是他们的兴致所在，还是对互联网兴趣所在？是否可以可持续地滋润我们的成长和学习，是不是现在很热闹，看完这家看那家，怎么把网上的资源变成我们成长可持续的东西？这里面意味着我们社会企业，包括各种互联网教育公司，用什么样的组织方式、教学形式，紧紧地围绕着乡村教师的成长再发力。

我们的论坛时间到点了，向在座的各位表示感谢，谢谢大家！

主持人：彩虹花和阅汇发起人　　　　　　时朝莉

嘉　宾：洋葱数学企业社会责任总监　　　　崔英子

　　　　深圳南山外国语学校（集团）

　　　　文华学校教务处副主任　　　　　　杨东升

　　　　四川凉山喜德县晨光小学校长　　　阿苏英雄

　　　　甘肃省会宁县金塔县东坝小学教师　巩原宏

　　　　甘肃省会宁县新塬乡杨坪小学教师　徐瑞丽

圆桌讨论2：互联网＋时代的乡村青年教师成长

杨东升：

非常荣幸参加这个活动，这个活动我也是抱着一个学习的态度向各位领导、各位专家来取取经。我本身是天水人，这个暑假回老家，借这个难得的机会在天水宝地开展全国性的教育活动，能够参与其中非常荣幸，也感谢大家。关于这个问题我谈一点我的想法。

互联网+教育是目前的大背景和大趋势，受益者不光是乡村教师，虽然我现在在深圳工作，但是作为一名年轻老师，也通过互联网+教育拥有非常多的学习机会和平台，触动最大的有两点。

第一，互联网+教育为青年教师，包括所有乡村教师提供了更为广阔和开放的学习平台。我经常参加各种赛课和公开课，在此之前我一定要上网搜一下相关课题的视频，学习一下全国的各位名师关于这节课是怎么上的，学习他们一些新的方法，包括一些做法导入设计，可以说受益匪浅。

第二，互联网+教育给我们所有青年教师提供了一个非常平等的成长机会。可能乡村教师在原来互联网没有那么发达的时候，由于环境限制学习机会不多，我本身也是从大山里走出来的，也有感触。现在有好的机会和平台，通过互联网+网校各种平台都可以听到全国的各种名师的课、各种先进的理念、慕课微课等等，通过这样的学习可以打开自己的视野，同时扎根在自己的岗位上。教师专业化也是一个大的趋势，通过不断努力学习，让自己成为一个更优秀的教师，希望在自己的职业道路上会有更多更好的成就感来持续地推动自己不断地工作下去。

阿苏英雄：

我是互联网的受益者，我们是幸运儿，我们的学校应该说比较小，但是我们学生很多，有836个学生，却只有24个老师，我们一般三个老师带两个班，所以我们语文老师包全班的副课，数学老师上两个班，我们的语文老师就成了"万能"人才。2018年10月24日这天非常值得我记住，这天我认识了吴虹校长和陈嘉谊老师，从这天以后我们学校就变样了，因为他们给我介绍了美丽乡村"互+"的网课和"青椒计划"，告诉了我们"青椒计划"是怎么样的，"互+"是怎么样的，所以从那一天我们学校就发生了变化。

经过八个月，我们学校老师们的精神面貌完全不一样，以前不自信，让他们去做一点事都不敢去碰，想做不敢去做，不敢放开去做，现在他们自信起来了，老师们的自信来了以后，孩子们的自信就跟着来了。我觉得他们最大的自信就是"互+"给了他们自我表现的机会，如，点亮舞蹈梦。我是彝族人，我们彝族能歌善舞，以前不敢去碰，后来在兔姐姐的引导下，我们老师和学生自编自导，编了高年级和低年级的舞蹈，去比赛的时候没想到分别得了一等奖和二等奖，现在他们比以前自信多了，以前的他们就像花骨朵一直躲在那里，现在一下开了出来。有了这个奖以后，老师们利用互联网跟着"青椒"学习，还找时间去学习，而且已经开始在用。我自己也是互联网的受益者，现在跟着马云乡村校长群听他们分享，对未来学校的道路已经很明朗了，今天来了更加明朗了。

巩原宏：

我从两个方面分享青年教师学习的原动力思考：一是新时代青年教师

所面临的际遇，二是青年教师未来发展的目标。

青年教师的发展目标：乡村教师是乡村教育的生命线，教书育人是教育的初心，时间不会改变一切，能改变一切的人只有自己，这是教师成长的初心。首先是解决人的问题。在未来做一名怎样的乡村教师？应该是成为一名有教育情怀、热爱教育的老师，成为学习型、思考型、创新型、服务型、研究型、担当型老师，具有互联网思维的引领者、实践者、先行者。其次是应该教什么（课程）的问题。充分利用互联网优质课程资源，进行跨学科课程整合，进行体系化、生命化课程的渗透融合，重组质变，创新课堂的新模式、新方式、新思维实践。再者是如何教（能力）的问题。信息技术下对课程大纲的把握，适合于儿童成长的系统化、特色化课程等对自身专业能力成长提出来新的要求。最后是如何实现学生有价值真正地学习的问题。要了解学生，了解课堂，了解学科，了解教育变革，在信息化教育的空间下，让突破成为常态。

新时代青年教师所面临的机遇：一是新途径，打开了未来培训学习新途径，教师更加适应互联网+对教育的实践变革，成为学校建设的参与者、变革者。实践证明基于互联网+教育的培训学习方式简单，也更加高效。二是新模式，形成了跨地域、专业化、网络社群化学习，通过这个社群圈进行了网络教研、在线课堂、名师资源整合、信息技术等依托于互联互通、共建共享的新模式。三是多方向，为自身专业能力提升注入新活力，创建依托于本地域教育发展的阳光课堂、小胡杨课堂，依托于学校特色建设的金色童年直播间、项城课题教研，依托于自身专业提升的山里红美术、第二课堂，基于学生快速成长的我是小讲师。丰富快节奏的互联网充满无限的挑战，忧患意识与责任担当应更加强烈。

徐瑞丽：

我很幸运，在教师节那天遇到了"青椒计划"。

崔英子：

作为一个教育科技企业，从洋葱数学的角度来看，我们认为履行企业社会责任的核心就是要服务于老师，做老师真正的教学助手。今天的会议主题是互联网+时代乡村青年教师的成长，那么我代表洋葱数学简单谈一下我们的看法。

洋葱数学从2013年成立之初，我们就希望能设计一个产品，使得任何一个学习者，不论是在城市还是乡村，都能够不受条件限制，尽可能减少学习阻碍，最终真正掌握知识。因此，洋葱数学的愿景是"以学习者为本，为教学者赋能"，这也是我们认为互联网促进教育普惠的基础。正是在这样的基础上，我们长期支持乡村老师教学和帮助他们的学生提升学习表现。

过去五年来，洋葱数学在全国范围持续支持了5万多名乡村教师，这些老师都参与了我们的公益项目"洋葱助教行动"。通过自主研发，我们将人工智能技术与优质数字化课程相结合，以互联网+的方式，将人工智能个性化教学平台，以及平台内的所有教学资源，都免费提供给乡村老师。同时，我们还面向乡村教师免费定制了教师培训课程与服务。

洋葱数学在支持乡村教师发展上，已经形成了一个教与学的闭环。这个闭环意味着，在洋葱的支持下老师不仅在教学上得到赋能，并且得以有时间和有空间去做教学创新，或者为学生提供更高认知层级的教学。洋葱数学希望让人工智能在教育的核心环节，也就是教学上充分发挥效用。如何让人工智能更好地结合课堂教学，这是我们长期持续研究的方向。

在这些年的实践中，乡村教师对我们提供的这套教学方案接受度很高，并且他们的学习力也非常强。比如，洋葱数学有幸参与了教育部在宁夏推进的人工智能助推教师队伍建设行动试点。我们在银川和石嘴山的试点行动中发现，非常多的优秀教师案例和优秀学校案例都来自乡村地区。乡村老师们不仅可以很快接受人工智能的新理念，并且还能实践于自己的课堂个性化教学，甚至推动全校的信息化教学。

五年多来，洋葱数学在支持乡村教师发展上总结出的经验是，农村教师可以被真正的赋能，他们的学习能力也非常强。只要能为他们提供合适的教学辅助、真正优质的教学产品和相对应的教师培训，乡村教师也可以做出非常优异的教学效果，丝毫不亚于城市老师。洋葱数学也将一直在这个方向上承担企业社会责任，把互联网、科技和教育进行深度融合，为乡村教师们提供全方位的支持，成为他们的好伙伴、好助教。

主持人：

2008年我是一个村小的老师，当时的环境可能就像我们在座很多"青椒"一样，在村小，没有资源，没有互联网，但是有成长的欲望，我遇到了"青椒学园"。当我现在以一个公益项目发起人的身份坐在朱老师面前还是像十年前一样的傻笑，十年前我绝对想象不到今天能坐在这里和这么多老师一起对话。刚才我请我们的汤老师给彩虹花和阅汇的证书上签了字，这个不属于我一个人，它背后是106名彩虹花和阅汇的成员、200多位来自全国各地的助教和两三千位的助学，他们忙完一天的工作要为这个公益项目做贡献。我有时一想起来也想流泪，我问他们："你们傻不傻？累不累？"他们回答了我8个字："因为热爱，所以愿意。"

乡村青年教师在互联网时代，他们成长的原动力是什么呢？结合我自己的经验，结合我见到的乡村老师，我觉得首先是他们被看见了，这个看见很重要，他们觉得自己是如此重要。其次是他们被赋能了，被这么多有爱心有力量有智慧的目光投射到身上，被这么多优质资源叠加到身上，所以他们看到了光，他们就追着光，自己就成了光的传播者，就带着爱和幸福，不觉得累不觉得苦，愿意把这份爱传递给更多的孩子。所以乡村教师成长的原动力在哪儿？在在座的每一个人身上，在此刻在电脑前在手机前看直播的每个人身上，在对乡村教育对中国教育还持续关注并努力的人身上，因为每一份关注是有力量的，每一份关注都是赋能也都是唤醒，更是传播。

谢谢大家，我们这个板块就到这儿。

主持人：爱学堂对外合作中心副主任　　　　侯亚翰

嘉　宾：北京情系远山公益基金会秘书长　　时鹏飞

　　　　西部阳光农村发展基金会秘书长　　王丽惠

　　　　湖南弘慧教育发展基金会副秘书长　李　琦

　　　　内蒙古和林格尔县第三中学教师　　王元涛

圆桌讨论3：新课改下社会力量助力西部乡村教师培训的路径

主持人：

请各位嘉宾就座，在座各位老师和教育界同仁更关心的是嘉宾有什么新的想法，能够给社会力量助力西部乡村教育提供什么新的路径，我们圆桌讨论会让嘉宾们进行各自的发言，首先请各位嘉宾简单介绍一下自己。从我们时秘书长开始。

时鹏飞：

我叫时鹏飞，情系远山公益基金会的秘书长，在2018年的时候，结识了汤老师，在他的影响下一直在做互联网乡村教育的公益项目。

汤敏老师提出的新木桶理论我也非常的支持。但如果想做好新木桶，得把自己放得足够低。汤老师真能把自己放得很低，一直关注着乡村教育的发展，积极地推动各方力量来支持乡村教育。情系远山也是在新木桶的支持下得以发挥所长，新东方、好未来从2003年"非典"时期开始研究在线教育，当时孩子上不了课，我们就提出了慕课模式，到现在演化成双师课程。我们在木桶这环就是单纯地做技术，可遇到了汤老师后，他把我们大家都托起来了。

王丽惠：

　　各位专家老师们，大家好，我叫王丽惠，我是北京西部阳光农村发展基金会的秘书长，我们基金会成立于2006年，注册在北京市民政局下的一家慈善组织，我们的项目在刚才所有领导专家介绍的很多地区都有覆盖，我们的宗旨是推动教育公平、改善教育品质。

李琦：

　　我叫李琦，我是湖南弘慧教育发展基金会的副秘书长，我们基金会2008年成立，我们是专注于一个县一个县做的，营造县的教育公益的生态。

王元涛：

　　各位领导、各位专家，大家下午好，我是内蒙古和林格尔县第三中学的一位物理老师，我叫王元涛。

主持人：

　　第一个问题由美女老师为我们解答，各位在致力于发展乡村教育过程中积累了一些什么经验？

王丽惠：

　　西部阳光基金会成立得比较久，在众多民间公益组织里面是比较早开始探索乡村教育的。我们的项目有：学前教育；针对1—9年级寄宿制学校乡村儿童的陪伴成长驻校社工项目，为他们提供解决心理问题和行为习惯养成方面的可行性方案；青葵花导师计划，针对乡村教师开展的实务方面的培训；在全国范围孵化初创教育类的公益组织的桥畔计划。这是我们现在主要做的四大项目，当然我们也有非常多的公益活动是穿插在这四个项目中的。

主持人：

我们下面解答第二个问题，现在互联网在乡村发展培训过程中也会遇到一些问题，针对这些问题各位有没有什么想要说的？

时鹏飞：

我们希望打造一个农村教育生态新模式，在乡村建立直播间，利用双师系统来培训老师，教授学生，最终达到"人走课不走"的目标。

城市化的进程是不可避免的，乡村的优秀老师必然会离开乡村走向乡镇，乡镇的优秀老师必然会走出乡镇去县里……那乡村学校就会出现"人走课走"的现象，老师离开了村里，离开了乡里，人一走学校的课就断了，学校没办法开课，学生没老师上课。但是，我们现在要在中国3000多个县建立直播间，利用双师系统让"人走课不走"，这个村小老师教得好升级变成县中心校的老师，老师虽然走了，但他可以在县里用直播间给原来的乡村学校上大量的直播课程，带动乡村新老师共同发展，这样人走课不仅没走，还变得更多了。

现在的乡村教师没有参加过系统的培训，稍微牛一点的老师都跑了，在乡村都待不住，那谁来对刚毕业、新入职的老师传帮带？但有了双师系统就不一样了，新老师来了先做双师老师，让县里最优秀的老师通过直播上课来辅导新老师，一周三节课，其中两节课让优秀的老师来给你建构骨架，一节课让新老师自己消化练习。教师的经验、能力在这里也可以进行不断地塑造与迭代，真正做到让乡村没有难上的课程。重构现在的乡村教育生态，这是我们想到的一种用互联网手段推动教育均衡发展的路径。

另外，我觉得中国目前的教育发展还存在两个小问题：一个是供给不足，供需不平衡，优质教育的供给不太够；第二供需错配。这两个问题的解决还得靠互联网来实现，我们提供技术，希望更多相关的政府部门和民营教育企业给我们指引方向、提供资源。希望能在一定的时间内，将中国乡村教育的新生态打造出来。

李琦：

我观察到我们的体验是教育局对基层教育系统比较重视建设，但是轻使用，在互联网基础平台重建设轻使用，重开头不重过程，开始会轰轰烈烈地开展培训，但是在这个过程当中的跟踪、配套制度的落实，让教师在这个平台上成长，这个后续做得不是很多。这是思想意识的问题，还是要从人的角度考虑这个问题。从我们自己的理念上来看，我们觉得互联网教育方面，包括对老师的培训，或者用直播形式来上课，都存在一个问题，知识教育肯定是很好的，但乡村教育最缺乏的可能还不是知识教育，特别是低龄阶段，我们需要的是对小孩的素养教育，素养教育主要还是要通过老师，互联网只是一个手段，我们在这个方面还是要重视中小幼儿阶段老师的培养，人跟人的接触才能产生更好的结果。我认为无论是互联网时代、人工智能时代，我们都要重视老师自己教，一定要把互联网作为一个手段。

王丽惠：

我也有两个问题，关于互联网+教育，是不是互联网趋势是整个时代的选择？还是整个社会经济发展中互联网利益相关方、互联网公司的一些选择？我们2018年年底整个项目乡村教师1500名，导师近500名，所有的培训是线上和线下一起做的，老师们反馈非常有效。我们就思考这个假设到底成不成立？互联网+教育到底是不是时代的选择？这是我们的一个问题，也是不断做项目想要去解决的，也就是说到底怎样的方式更适合乡村教师成长？

还有一个，我们提到了信息化教育，我们信息化教育到底指的是哪个层面的教育？是把提高信息素养纳入教育目标，培养适应信息社会的人才，还是把信息技术手段有效地应用于教学管理以及日常的生活和科研之中，还是我们重视教育信息资源来加以利用成为我们老师的工具？这个也是我们在和乡村学校的校长、教师的交流中不断反思的问题。我们发现在和乡村教师沟通的时候，一直使用QQ社群，大家都说这个工具太老旧了，很多老师和公益组织伙伴提出来可以用更好的APP或者自己研发一个。当然除了要考虑成本因素以外，我们在用的时候更多的是想选择乡村教师最能接受的，一拿起来就能用的工具。所以对于老师们来说，这个到底是一个工具还是什么，教师群体到底有什么样的想法？我想问一下王老师。

王元涛：

我先回答第二个问题，我本来是学计算机出身，后来改行教物理了，王秘书长说的信息化教育，对我来说这就是一个工具。比如上课的时候使用的最多的资源爱学堂微课。先说说学生的改变，初中物理是学生最难学的一门课程，但自从我把爱学堂资源引入课堂之后学生特别喜欢，学生说："你用爱学堂上课，我们非常喜欢物理课。"我觉得汤敏老师有一篇文章写出了我最大的感受，课堂上使用了爱学堂微课之后，学生的学习面貌、学习方式方法都发生了很大的改变，而且学科兴趣有了极大的提高。

我带的都是普通班，一开始用这个资源我也没这个动力，后来我师傅跟我说，你们这些新来的老师要祸害三届，我不相信这个事我干不好。爱学堂资源2017年引入我们学校，我一方面学爱学堂上的资源，另一方面在"青椒计划"学师德课程，知识面广了，师德课上学会怎么沟通了，我觉得给我带来了很多的改变，我觉得我最多祸害了一届，物理一届两年。

最后再说一下关于资源的使用问题，爱学堂资源也不是一上课就放这个东西，我是根据学习的进度和学生的掌握情况，总结出了三步教学法，一思二看三实践。学生先思考这节课探究什么问题，我们需要什么实验器材，能得到哪些实验数据；再观看爱学堂微课，看看我们能有哪些提升；最后再实践，这比以往费口舌讲学生还不明白效果要好很多。最后我也想说一句，虽然互联网+教育起步比较晚，但是把教育资源、政府、学校各个方面整合起来，虽然起步晚，就像高铁一样后来居上，一定能走到前列，我对我们乡村教育还是非常有信心的。

主持人：

下面我们进行抢答式的问题，大家认为社会公益伙伴在乡村教师的培养路径中到底扮演什么样的角色和发挥什么样的作用？

王丽惠：

作为公益组织的一个代表，我认为对于西部阳光来说公益机构是一个资源链接方。我们有一个项目叫"桥畔计划"，就是让外面的资源走进来，让里面的资源走出去。我们做活动的时候发现乡村有很多优秀的东西城市没有，城市也有非常好的东西乡村没有，这样一个互换，原来没有通道，我们公益组织起到了通道作用。刚开始大家会说我们做政府做不了的事情，我们其实承担了一部分这样的功能。后来我发现在工作中我们更多的是扮演了发现问题提出问题的角色。发现问题，再寻找解决方案。我们可以不断地修改方案，因为我们很小但非常灵活，所以会非常高效直接。

我们西部阳光最早的支教行动，就在探索乡村教师培训，那个时候还是单独的培训或者经验分享。后来我们发现老师们不满足于这样的分享，于是我们就把它发展成了导师制。一个导师带多个教师，后来发现还是不能解决乡村教师的痛点和问题，有的时候我们大的理论课确实非常好，但对于一线老师来说这个理论课对他的帮助不大，我们发现没有办法激活。于是我们作为一个助燃剂，我们将城市或者相对发达地区的一线教师，链接给乡村地区的教师，他们对口评课。然后我们再通过线下群组，把优秀的老师带进去，这样乡村教师可以实打实地学到一些技能，再结合我们专家理论，就有一个验证理论螺旋上升的过程。这个就是我们这样一个社会组织可以做的事情。

同样，我们还能在这个过程中发现新的问题，如果我们只是提供服务这个东西没有持续，没有一家组织会持续不断地给资源给钱。那怎么办呢？我们后来想到了让这个东西持续下去的方法，也就是孵化和培育当地的乡村教师自组织，我们有一个成功教师自组织的培育——三人送教下乡的小队，他们自发组织送教下乡的小队，自发组织送教，这是整个后续的发展，我们从架了这个桥梁，从最初的介入者慢慢变成可以在旁边鼓掌的人，助人自助，我觉得这是公益组织应该承担的角色。

主持人：

下一个问题是各位认为在社会组织参与西部乡村教师培训的过程中有什么误区？应该怎么避免？

李琦：

误区有几个，首先我们要有所为有所不为，社会组织要知道自己是社会组织，如果是教育公益组织，我们首先要想到一点，我们是在做教育，教育一定要理解教育的本质，我们教育学生的目的是什么，是我们自己做教育还是让我们的教育更好？我们要找准自己要做什么，有所不为。第二我们要看做的效果，不求多不求大要求深，社会组织力量有限，每个个体是有限的，我们联合起来也是很有限的，我们要做示范，我们要找到问题，我们要发动本地力量，让本地力量成长，这是我们要做的最重要的事情，不是拿培训多少个老师这个来说事，对于我们来说成立一个公益组织不是我们的目的，我想这是我们要避免的很重要的误区。最重要的是要明白我们花的是公众的钱，我们做教育的目的是什么。

主持人：

最后每人一分钟来总结一下，自己做乡村教育培训有什么感想和希望以后能够为乡村教师培训做出一些什么新的贡献。从王老师开始，每人一分钟。

王元涛：

自从我参加这个活动之后学校领导非常重视，以我为首，我们分管领导让建了一个青年教师群，有什么好资源、好内容及时分享给大家，我觉得下一步应该借助咱们"青椒计划"平台，让更多的人知道这个活动，惠及更多的老师，特别是我们的青年老师。

李琦：

我们湖南省每年有免费定向培养的师范生，初中毕业读五年再回到自己的家乡教八年，签八年合同，整个过程是免费的。我们每年有四千到五千的学生，我们这个基金会首先会对这个群体的老师给予足够的支持，让新一代的老师在这个阶段能够成为更优秀的老师，成为种子老师，希望我们下一代的教育者更能面向未来面向时代。

王丽惠：

西部阳光希望继续在我们最早发起的甘肃做深耕，把我们已经有的经验和成功模式推广到全国更多的地方，未来有机会把中国的经验复制到国际上去。具体到教师培训，我们还会坚持去探索导师制的优势和劣势，同时，要坚持培养孵化当地的教师自组织，助人自助。

时鹏飞：

我觉得现在中国教育有两个小问题，一个是供给不足，供需不平衡，优质教育的供给不太够；第二是供需错配。这两个问题目前还得靠互联网，我们提供技术，更多高深的内容还得靠老师给我们扛起大旗，看看能不能在短时间内有成果。

用教育阻断贫困代际传递

——首届中国西部教育发展论坛总结报告

2019年8月11日，首届中国西部教育发展论坛在甘肃天水召开。论坛由中国教育三十人论坛与天水市人民政府主办。本次论坛围绕"用教育阻断贫困代际传递"的主题组织了一场"麦积山教育夜话"、5个主旨演讲和4个分论坛。来自行政部门、研究机构、教育教学一线的49位嘉宾发表精彩演讲，论坛期间还发布了专家撰写的关于西部学前教育和农村基础教育的两个研究报告。这些演讲和报告直面西部教育发展中的现实问题，提出了很多富有针对性和可行性的建议。

现将专家学者们在论坛上提出的观点与建议汇报如下，以供参考。

一、西部地区"教育扶贫"成效显著，涌现出"陇城走教"等新探索、好经验

经过多年奋斗，西部地区"有学上"问题已得到根本性解决，农村基础教育办学条件显著改善，农村地区"教育扶贫"成效显著。国家在贫困县中实行"9+3"政策，在深度贫困地区实行"3+9+3"教育扶贫政策，对推动教育均衡发展发挥了重要作用。甘肃省秦安县陇城镇"学区走教制度"，通过大力推行学区内教师一体化管理机制，建立教师动态调节机制，努力实现学生不动教师动，教学质量提升明显。

二、西部地区学前教育存在的问题及建议

多数西部省份和地区已实现国家设定的2020年学前三年毛入园率达到85%的目标。但是，西部学前教育财政投入总量不足、发展不均衡、幼儿园教育质量有待提高、幼儿园教师专业水平有限等问题犹存。

专家建议，今后着重解决特定人群和特定地区儿童还不能享受公平可及、基本有质量保证的学前教育服务的问题。应该把村级学前教育作为精准扶贫的重要手段。学前教育发展的方向应该是建立机制和促进公平，促进学前教育向行政村以下延伸和下沉。

三、西部地区基础教育存在的问题及建议

在基础教育方面，西部地区的校舍和硬件建设、经费保障、教师年轻化、学历达标等要求均已实现，但是仍然存在三大问题：一是"城挤、乡空、村弱"的教育格局在西部还未从根本上改变；二是在县域内教育公平得以改善的同时，县域之间、省域之间的教育差距还在加大；三是教师教不好、学业水平低下的问题亟待破解。

专家们建议：一是建设好乡镇中心学校，缓解城市学校大班制困境。二是推动农村小规模学校的共同体的建立，实施管理互通、研训联动、质量共进、项目合作、资源共享。三是改善和加强乡镇寄宿制学校建设，加快建立农村贫困学生资助体系。

四、西部地区职业教育存在的问题及建议

西部地区职业教育的情况与全国的情况基本一致，目前存在的问题：一是西部地区的普职比约为2∶1，与普职比大体相当还存在一段距离；二是西部地区中职学校教师缺口非常大，师生比严重超标。

没有西部职业教育的现代化，就没有西部经济社会发展的现代化。专家们建议：第一，统筹规划有利于西部民族经济相互融合发展的职教布局。第二，探索建立有利于西部职业教育相互协调的保障机构机制。第三，协同开发有利于西部地区特点优势产业的专业课程资源，促进就业创业。

五、西部地区教育中的教师问题及建议

西部一些地区乡村教师招聘遇冷的现象时有发生，折射出乡村教师面临的生存和发展困境。近年来，由于冻结编制，部分地区出现了没有编制的"新代课教师"群体。

专家们认为，当前重要的任务是构建乡村教师稳定机制。为此建议：一是推广甘肃省秦安县陇城镇"学区走教制度"，即乡镇中心学校的老师在学区内的教学点走教；二是对那些处于交通不便、深山区的乡村学校，尤其是小规模学校，定向培养本土化的乡村师范生。三是尽快解决"新代课教师"的编制问题，让他们安心教学。

六、西部地区教师的培训问题及建议

根据脱贫攻坚战需要，国家对贫困地区教师的国培力度不断加大，目前存在的问题有：一是培训设计总体上还是重视类别和模式，拼盘式的培训比较多；二是网络研修占比过大，"挂机刷机"现象比较普遍；三是培训区分度较低，忽视教师专业成长规律。

为此，专家们建议：在国培计划实施中，一是要严格把关授课教师的资格，授课教师既是理论专家，又要了解基层教师实际需求；二是要系统

设计递进式的培训课程，符合教师成长规律和教育规律；三是要开发数字化的培训资源和网络培训。

　　在本届西部教育发展论坛中，专门开辟了一个分论坛讨论"乡村青年教师社会支持公益计划"，又称"青椒计划"。该计划实行两年多来，间接帮助530万以上的贫困地区的学生，是社会力量培训乡村教师的有效模式，值得关注。

中国教育三十人论坛

2019 年 9 月 25 日

中国教育三十人论坛成员名录

国际学术顾问

穆罕默德·尤努斯

孟加拉银行家，诺贝尔和平奖获得者

约翰·奈斯比特

世界著名未来学家，曾任肯尼迪总统教育部助理部长

学术顾问

顾明远

北京师范大学教授，中国教育学会名誉会长

吴敬琏

国务院发展研究中心研究员，中欧国际工商学院讲席教授

陶西平

联合国教科文组织协会世界联合会副主席

张信刚

香港城市大学原校长，英国皇家工程院外籍院士

正式成员（以姓氏笔画为序）

王嘉毅	中共甘肃省委常委、秘书长，甘肃省教育厅原厅长
文东茅	北京大学教育学院教授，中国教育发展战略学会副会长
石中英	清华大学教育研究院常务副院长，北京明远教育书院院长
朱永新	民进中央副主席，全国政协常委、副秘书长，新教育实验发起人
汤　敏	国务院参事，友成企业家扶贫基金会常务副理事长
严文蕃	马萨诸塞大学波士顿分校终身教授、教育领导系主任
李希贵	北京十一学校联盟总校校长，中国教育学会副会长
李镇西	新教育研究院院长，成都市武侯实验中学原校长
杨东平	国家教育咨询委员会委员，21世纪教育研究院院长，北京理工大学教授
张民选	联合国教科文组织教师教育中心负责人，上海师范大学原校长
张志勇	北京师范大学教授，山东省教育厅原副厅长
张卓玉	教育部中考改革专家工作组副组长，山西省教育厅原正厅长级督学，中国教育学会副会长
陈平原	中央文史研究馆馆员，北京大学博雅讲席教授
邵　鸿	全国政协副主席，九三学社中央常务副主席
季卫东	上海交通大学日本研究中心主任
周国平	中国社会科学院哲学研究所研究员
周洪宇	全国人大常委会委员，湖北省人大常委会副主任，华中师范大学教授
项贤明	南京师范大学教授，民进中央教育委员会副主任

袁振国　　华东师范大学终身教授，中国教育学会副会长

钱颖一　　全国工商联副主席，国务院参事，清华大学经济管理学
　　　　　院原院长

徐　辉　　全国人大常委会委员，全国人大宪法和法律委员会副主
　　　　　任委员，民盟中央副主席，中国教育发展战略学会副会
　　　　　长兼学术委员会主任

程介明　　香港大学原副校长，香港大学荣休教授

谢维和　　清华大学校务委员会副主任，清华大学原副校长

学术委员会

朱永新　袁振国　杨东平　钱颖一　张志勇

秘书处

秘书长：马国川

执行秘书长：石岚

首届中国西部教育发展论坛嘉宾名单

（以发言先后顺序排列）

尚勋武　　全国政协常委，甘肃省政协副主席

王　锐　　甘肃省政协副主席，中共天水市委书记

汤　敏　　首届中国西部教育发展论坛主席，国务院参事，友成企业家扶贫基金会常务副理事长

邵　鸿　　全国政协副主席，九三学社中央常务副主席

朱永新　　民进中央副主席，全国政协常委、副秘书长，新教育实验发起人

郝　远　　甘肃省政协副主席，甘肃省工商联主席

刘仲奎　　西北师范大学校长

程介明　　香港大学原副校长，香港大学荣休教授

汪建宏　　慕华成志教育科技有限公司 CEO

南战军　　甘肃省兰州市教育局局长

侯亚瀚　　爱学堂对外合作中心副主任

杨东平　　国家教育咨询委员会委员，21 世纪教育研究院院长，北京理工大学教授

孙冬梅	兰州大学教授
高晋峰	山西省晋中市教育局副局长
肖诗坚	贵州省正安县田字格兴隆实验小学校长
羊正宁	甘肃省天水市启升中学校长
常武佺	甘肃省秦安县陇城学区党支部书记
时宁国	甘肃省教育厅副厅长
姜大源	教育部职业技术教育中心研究所研究员
邢　晖	国家教育行政学院学术委员会主任，职业教育研究中心主任
宋贤钧	兰州职业技术学院院长
文春帆	成都市教育科学研究院职业教育研究所所长
王　屹	南宁师范大学职业技术学院院长
马国川	中国教育三十人论坛秘书长
时腾飞	北京情系远山公益基金会秘书长
史耀疆	陕西师范大学教育实验经济研究所所长
陈世联	重庆师范大学教育科学学院教授
马思延	思可教育集团、七田真国际教育CEO
李俊丽	山西省芮城县教育科技局
董瑞祥	丹麦安徒生国际幼儿师范学院创始人、院长
宋　磊	教育部教师工作司综合处处长

郑新蓉	北京师范大学教育学部教授
苗 青	友成企业家扶贫基金会副秘书长
吴 虹	沪江首席教育官
王 喆	吉林省电化教育馆副馆长
吴慧云	人民教育出版社数字公司副总裁
刘中英	甘肃省金塔县教育局局长
须佶成	高思教育集团执行校长
胡琳娜	青海省玉树藏族自治州治多县民族中学教师
时朝莉	彩虹花和阅汇发起人
崔英子	洋葱数学企业社会责任总监
杨东升	深圳南山外国语学校（集团）文华学校教务处副主任
阿苏英雄	四川凉山喜德县晨光小学校长
巩原宏	甘肃省会宁县金塔县东坝小学教师
徐瑞丽	甘肃省会宁县新塬乡杨坪小学教师
史晓晶	北京百仁慈爱公益基金会执行秘书长
王丽惠	西部阳光农村发展基金会秘书长
李 琦	湖南弘慧教育发展基金会副秘书长
王元涛	内蒙古和林格尔县第三中学教师